中国经济问题丛书
ZHONG GUO JING JI WEN TI CONG SHU

僵尸企业的经济学诊断
JIANGSHI QIYE DE JINGJIXUE ZHENDUAN

何帆 朱鹤 著

中国人民大学出版社

·北京·

图书在版编目（CIP）数据

僵尸企业的经济学诊断/何帆，朱鹤著. —北京：中国人民大学出版社，2018.4
（中国经济问题丛书）
ISBN 978-7-300-25640-5

Ⅰ.①僵… Ⅱ.①何…②朱… Ⅲ.①企业经济-经济学-研究-中国 Ⅳ.①F279.2

中国版本图书馆 CIP 数据核字（2018）第 051881 号

中国经济问题丛书

僵尸企业的经济学诊断

何　帆　朱　鹤　著

Jiangshi Qiye de Jingjixue Zhenduan

出版发行	中国人民大学出版社			
社　　址	北京中关村大街 31 号		**邮政编码**	100080
电　　话	010 - 62511242（总编室）		010 - 62511770（质管部）	
	010 - 82501766（邮购部）		010 - 62514148（门市部）	
	010 - 62515195（发行公司）		010 - 62515275（盗版举报）	
网　　址	http://www.crup.com.cn			
	http://www.ttrnet.com(人大教研网)			
经　　销	新华书店			
印　　刷	涿州市星河印刷有限公司			
规　　格	148mm×210mm　32 开本		**版　　次**	2018 年 4 月第 1 版
印　　张	6.75 插页		**印　　次**	2018 年 4 月第 1 次印刷
字　　数	179 000		**定　　价**	42.00 元

总序

　　经济理论的发展与变化是和经济实践紧密联系的，在我国继续向社会主义市场经济体制过渡的今天，实践在呼唤经济学的发展和繁荣；同时，实践也为经济学的发展创造着条件。

　　中国的市场化改革是没有先例的，又没有现成的经济理论作指导，这是中国学者遇到的前所未有的挑战。他山之石，可以攻玉。随着一大批西方经济理论译介进来，以及一大批具有现代经济学素养的人成长起来，认识和解决中国问题开始有了全新的工具和视角。理论和实践是互动的，中国这块独一无二的"试验田"在借鉴和运用现代经济理论的同时，势必会为经济理论的发展注入新的活力，成为其发展的重要推动力量，而建立在探讨中国经济问题基础之上的经济学也才有望真正出现。中国经济问题正是在这个大背景下获得了特别的意义。

　　我们策划出版"中国经济问题丛书"的主要目

的是为了鼓励经济学者的创新和探索精神，继续推动中国经济学研究的进步和繁荣，在中国经济学学术著作的出版园林中，创建一个适宜新思想生长的园地，为中国的经济理论界和实际部门的探索者提供一个发表高水平研究成果的场所，使这套丛书成为国内外读者了解中国经济学和经济现实发展态势的必不可少的重要读物。

　　中国经济问题的独特性和紧迫性，将给中国学者以广阔的发展空间。丛书以中国经济问题为切入点，强调运用现代经济学方法来探究中国改革开放和经济发展中面临的热点、难点问题。丛书以学术为生命，以促进中国经济与中国经济学的双重发展为己任，选题论证采用"双向匿名评审制度"与专家约稿相结合，以期在经济学界培育出一批具有理性与探索精神的中国学术先锋。中国是研究经济学的最好土壤，在这块土地上只要勤于耕耘、善于耕耘，就一定能结出丰硕的果实。

推荐序 1

黄益平
（北京大学国家发展研究院副院长、教授，
中国人民银行货币政策委员会委员）

　　自 2015 年起，处置僵尸企业已经成为中国政府一项正式的经济政策任务，最近政府还提出要将其作为调整经济结构的牛鼻子。可惜的是实际进展一直比较缓慢，究其原因，恐怕主要还是缺乏有效处置僵尸企业的工作机制。处置僵尸企业，最难化解的两大挑战，一是"人"往哪儿去？二是"钱"从何处来？许多僵尸企业往往还具有两个共同特征，即大规模和国有制。而这又令解决"人"和"钱"的问题变得愈加困难，因此，处置僵尸企业的目标有的时候就只能停留在口号上，政府、银行和企业一起联手拖延时间。

　　在新的一年里处置僵尸企业的工作能否取得突破，首先要看各级政府能否达成共识，下决心以短痛换长痛。当然更要看能否建立一套有效的处置机制。如果僵尸企业在管理能力、产品质量、技术水平或者市场前景等方面还有竞争优势，可以通过管理层持股、收购兼并、混合所有制或者债转股等手段进行改造。而对于那些持续亏损且不符合结构调整方向的企业，就应该直接破产清盘。中央政府应该考虑设立僵尸企业处置基金，救工人但不救企业，支持僵尸企业快速、平稳地退出。在僵尸企业集中的地区，地方政府应该积极以市场化的方式推动经济转型。

僵尸企业的定义相对简单，但实证辨识比较困难。学界的通常做法是看企业的真实融资成本是否低于市场利率，如果是，就说明企业获得了某种补贴。但每个企业的状况不一样，真实融资成本也会有差异，所以上述做法至多只能算是推测。我国政府在实践中提出了判定僵尸企业的两条标准，一是连续亏损三年，二是不符合结构调整的方向。与学界的做法相比，这个标准的可操作性更强一些，却无法分辨那些获得了政府或银行补贴的企业。

之前我们利用统计局规模以上工业企业数据所做的分析表明，在 1998—2007 年期间，僵尸企业的比例一直在下降。但何帆和朱鹤利用近年上市公司数据所做的分析则又表明，2009 年以后，僵尸企业的比例又有所回升。他们发现，即便按照保守的估算，僵尸企业的比例也在三分之一左右。这个数据准确与否可以再推敲，但毫无疑问，僵尸企业已经成为我国经济中的一个重大问题。

为什么僵尸企业这么多？我们起码可以找到三个方面的原因。第一，经济增长持续减速导致很多企业的资产负债表恶化。中国经济改革开放近四十年，一直保持着高速增长。尤其是自东南亚金融危机以来，政府的"保八"政策不但深入人心，而且行之有效。这样就养了一批只有经济增速保持在 8％以上才能实现微利的企业，我曾经把它们称作"温室企业"。2010 年以来，GDP 增速不断下降，到 2016 年已经跌到 6.7％。同时，前期"4 万亿元"刺激政策结束之后，加速了企业盈利状况的恶化，客观上催生了大量的僵尸企业。

第二，新旧动能转换期一大批原先生机勃勃的企业失去了活力。上个世纪 90 年代我国经济中出现了很多僵尸企业，主要是因为很多国企面对蓬勃发展的民营和外资企业缺乏竞争力。我国今天的情形跟日本 20 世纪 80 年代后期的情形比较类似，经济高速发展不但带来了收入的大幅增长，成本也迅速提高，过去长期支持中国经济增长的企业失去了竞争力。要实现可持续增长，就需要一方面培养、发展新的产业，另一方面改造、关闭旧的产业。如果失去竞争力的企业不能及时退出，就会变成僵尸企业。

第三，软预算约束使很多没有盈利能力的企业长时间地苟延残喘，实际上大部分难处置的僵尸企业都是国有企业。上个世纪 80 年代美国的僵尸储贷公司和上个世纪 90 年代日本的僵尸企业都不是国有的，我国也有一些僵尸企业是民营的。但在多数情况下，一旦民营企业亏损，所有者就会想方设法地去处置。国有企业不着急，归根到底还是因为吃定了政府不会放手不管。这也反过来说明过去旨在实现国企、民企公平竞争的政策努力并未达到预期的目的，只要国企还不能面对同样的市场纪律，所谓的公平竞争也只能是一句空话。

毫不夸张地说，僵尸企业不能及时退出，给当前我国经济造成了很多困难，比如，新旧动能转换无法顺利推进，经济增长难以真正触底回升，去杠杆政策很难取得实质性的进展，金融支持实体经济的力度也很难提高，系统性金融风险还会不断累积。

经济增长持续减速是困扰决策者和投资者的一个重要难题。专家们对增速下行有不同的解读，有的强调周期性因素，有的则强调趋势性因素，但其实最根本的可能是结构性因素。中国的改革开放政策已经实施了将近四十年，过去长期支持高速增长的产业特别是劳动密集型制造业和资源型重工业正在快速地失去竞争力，这其实就是"中等收入陷阱"挑战的一个体现。所以说，中国经济增长能否真正实现触底回升，关键要看新旧动能转换的过程是否已经完成。在这个过程完成以前，任何增长触底都可能是短期的、不可持续的。

如果考察全国各地区的经济结构转型，我们可以发现一个有意思的现象，在市场机制完善、企业家活跃的地区，产业升级换代并无大的障碍。而在过剩产能集中、僵尸企业众多和政府管制严格的地区，创新活动稀缺、民营企业弱小、年轻人纷纷离开。我们之前的研究发现，僵尸企业的存在不但提高了正常企业的融资成本，还降低了其投资率。政府推动新旧动能转换，要从新、旧两端入手，其中就包括让那些已经失去竞争力的产业平稳地退出市场，否则就会严重阻碍新兴产业的发展。

中国的高杠杆率被很多人看作中国乃至全球经济的一个重大风险因素，广义货币供应量与 GDP 之比已经超过 200%，而非金融企业借贷与 GDP 之比也高达 170%。从国际经验看，去杠杆主要有两条有效的路径，一是危机之后被动地去杠杆，二是主动地局部爆破。从宏观的角度看，短期内主动降杠杆的空间十分有限，收缩力度过大容易引发危机。但我们对国家统计局规模以上工业企业的分析发现，僵尸企业的平均资产负债率为 72%，而正常企业的资产负债率却只有 51%。显然，僵尸企业不但不退出，而且进一步负债，综合杠杆率自然下不来。

近年来政府还一直担忧金融不支持实体经济。但究其背后的原因，既有金融部门投机严重、资金空转的问题，也有实体部门资源利用效率越来越低的问题。中国经济的边际资本产出率从 2007 年的 3.5 上升到 2015 年的 5.9，表明生产一个单位的 GDP 所需要的资本形成的单位数已经显著上升。而推动金融资源利用效率降低的一个因素，是僵尸企业越来越多，持续占用金融资源。因此，改善金融对实体经济的支持，既要遏制金融投机和资产泡沫，也需要改善实体经济结构，包括有效处置僵尸企业。

大量的僵尸企业还会显著增加系统性金融风险。无论是在日本还是在中国，支持僵尸企业的一个重要理由就是保障经济、金融与就业稳定。但长期支持僵尸企业，容易加剧道德风险问题，令系统性金融风险急剧增加，难保会有爆发的一天。上个世纪 90 年代的日本经济为我们提供了前车之鉴，当时的日本虽然没有发生金融危机,但酿成了所谓的"失去的十年"。

中国在将近四十年的改革开放时期,实行渐进的、双轨制的改革策略,避免短期激烈调整的痛苦。目前看,处置僵尸企业已经成为我国经济绕不过去的一道坎。从有利的方面看,化解僵尸企业调整成本的能力已经明显提高。以就业为例,全国过剩产能所涉及的就业只有800万到1 000万,这跟上个世纪90年代实行"抓大放小"的国企改革每年下岗1 000万工人时所面对的就业压力不可同日而语。但从不利的方面看,今天的大部分僵尸企业都是重资产的大型企业,很多还是国有企业,在地方经济中举足轻重。

要有效地处置僵尸企业,首先需要明确一个认识,即僵尸国企并非社会主义市场经济的稳定基石,恰恰相反,它们可能是系统性风险的根源。从表面看,支持僵尸企业的做法保障了经济、金融与就业的稳定,但实际上却降低了经济效率、破坏了市场纪律并加剧了道德风险,最终可能动摇社会主义市场经济的根本。其次需要确立一个原则,即真正落实十八届三中全会提出的"让市场机制在资源配置中发挥决定性作用"的政策方针。如果处置僵尸企业还是靠过去老一套的行政手段,最后的结果一定会事倍功半甚至与改革的初衷南辕北辙。

具体而言,我们提出三条政策建议:

第一,对于有竞争实力、只是遭遇短期经营困难的僵尸企业,可以采取管理层持股、混合所有制、收购兼并或债转股等办法进行改造。有的企业技术力量雄厚但产品不适应市场需求,有的企业产品有竞争优势但短期市场疲软,这些企业通过适当的改造与支持,是有可能重振雄风的。但前提是所有的改革措施都要真正实现市场化运作,避免行政干预。比如实行混合所有制,需要真正给民营资本让渡股东的权益;比如实行债转股,必须让投资者真正做到自主决策。如果各级政府还想趁机插一脚甚至包办婚姻,那就很难达到预期的目的。

第二,对于那些持续亏损同时不符合结构调整方向的企业,应该破产清盘，中央可以考虑设立"僵尸企业处置基金"帮助平稳过渡。我们建议中央出手，主要是基于几个方面的考虑：一是大型僵尸企业的形成，多少跟过去的产业政策有关；二是基于这些企业在地方经济中的地位，很难指望地方政府主动作为；三是既然是处置已经要关闭的僵尸企业，就不必过于担心道德风险的问题。至于基金的具体使用，可以由中央与地方政府共同决策，基本原则是救人不救企业，但在特定情况下，也可以考虑由中央财政赦免部分债务，鼓励金融机构冲销不良资产，控制金融风险。

第三，在僵尸企业集中的铁锈地带，地方政府应该更加积极地作为，重振经济活力。一方面，政府要放弃对经济活动的全方位的干预，让市场机制发挥作用；另一方面，政府也不能放手不管，而应该采取措施改造产业结构。美国曾经有两个污染严重、竞争力缺乏的重工业基地，一个是以汽车产业为主的底特律，一个是以钢铁行业为主的匹兹堡。现在几十年过去了，前者依然奄奄一息，后者却已经转身为医疗、咨询和高教的重镇，甚至成为最宜居的城市之一。究其原因，主要是因为匹兹堡市政府积极作为，主动规划并引入新兴产业，一条街一条街地改造，新兴产业完全按市场化的规则运作。这个做法可以为我们的一些地方政府提供借鉴。

总之，僵尸企业已经成为当前中国经济、金融问题的重要根源。因此，经济转型需要紧紧抓住僵尸企业处置这个牛鼻子。这就要求我们对僵尸企业的形成、演变和影响有深入的了解，何帆和朱鹤的新书在这方面做了不少开创性的研究。

推荐序 2

刘元春
（中国人民大学副校长）

潮起潮落，市场经济永远摆脱不了经济周期的涤荡，僵尸企业的轮回似乎也成为自然之理了！但每每经济危机袭来，大量企业在破产浪潮中僵而不死，人们又开始发出惊叹，又开始重新认识为什么僵尸企业会存在，又开始探索解决僵尸企业的方法。于是乎，经济学界和政策界开始热闹了，在百度搜索中，近三年中国以"僵尸企业"为主题的新闻达到 12.7 万条，在知网中发表的学术论文有781 篇，报纸文章有 2 535 篇。中国在出现僵尸企业浪潮的同时出现了僵尸企业的研究潮！

在这两个浪潮中我们惊奇地发现了一个很大的反差——经济刺激大潮退却以后经济学家们发现了大量大企业过去都是在裸泳，于是纷纷指责企业家和政府的败德，但在研究浪潮来临之际，他们却都毫不犹豫地跳到新浪潮中裸泳，发表无数篇不知所云的高论。

不过，在拜读何帆和朱鹤二君的大作《僵尸企业的经济学诊断》之后，我发现了在这个大潮中真正引领研究的弄潮儿。因为他们真正做到了从问题导向出发，以最新理论总结、定量测算和案例研究为基础，把中国僵尸企业治理之策落到实处，能够真正起到理论梳理、思想引领、政策咨询的功效。

1. 能够在理论方法总结的基础上，利用7种方法对中国僵尸企业的规模和分布进行测算，大大弥补了僵尸企业研究过于局限定性研究的缺陷，为政府正确认识目前中国僵尸企业的规模、分布以及确定治理的方向提供了坚实的方法和数据基础。

2. 能够在一定的假设基础上，测算企业自救进行去产能和人员裁减的规模，进而判断目前进行失业人员安置的费用，判断目前政府1 000亿元奖补资金的合理性和分配方案。这能够为政府进一步调整奖补资金政策提供坚实的研究参考。

3. 能够在测算企业负债规模的基础上，研究债转股的潜在规模，测算这些债务减免和去杠杆的举措可能导致中国银行业各类风险指标的变化，从而为僵尸企业和去杠杆的政策选择提供了一个量化的参考面。

4. 利用美国航空业、通用汽车、日本住专、中国重汽、中核钛白等案例十分生动地将僵尸企业处理的方方面面进行解剖，使本书的可读性大大提升。

当然，中国僵尸企业的处置仍然有很长的路要走。我们必须认识到对于僵尸企业的研究不仅要注重理论的积累和创新，注重历史的研究，更为重要的是要看到以下几个方面：一是中国的政治经济与社会环境决定了中国产生僵尸企业的核心原因与西方发达国家有一定的差别。例如中国特色的政企关系和银企关系导致中国破产软约束大大强于西方发达国家，再例如中国转型社会的脆弱性导致大企业"大而不倒"的问题比西方更严重，这也决定了中国治理僵尸企业的方法与西方国家有重大的差别。二是这一轮经济周期与以往存在很大的差别，这一轮中国经济低迷和僵尸企业形成的原因也与以往存在着很大的差别。这也决定了虽然每轮周期的表现似乎都相似，但解决周期问题的方法和舆论氛围存在重大的差别。例如，我国僵尸企业的债务不仅来源于世界经济的低迷，更来源于政府过度刺激带来的后遗症，也来源于"脱实向虚"金融泡沫和监管套利的累积，因此本轮僵尸企业债务处置无论从规模还是手段上都与上一轮僵尸企业的债务处置有本质的差别。

正是从上述角度来看，未来对于中国僵尸企业的研究如果能够沿着何帆和朱鹤两位学者的思路和方法，进一步强调中国政治经济、社会经济以及本轮周期的特性，一定能够取得更多开拓性的成就，一定能够在本轮僵尸企业研究浪潮退却之后，还能为学界的思维开拓和政界的改革创新留下扎实的研究成果。

目　录

第一章

僵尸企业来袭

一、为什么要叫它们"僵尸企业"?

著名投资人巴菲特曾经有一句名言:"只有在退潮的时候,才能看出来谁没有穿泳裤"。中国经济从高速增长逐渐进入低增长时期,一大批僵尸企业悄然来袭。这些僵尸企业经营不善、负债累累,在正常的市场竞争条件下早就应该被淘汰出局,但在某些地方政府和银行的庇护下却仍然浮而不沉。当前,中国经济面临着严峻的下行压力,企业改革和金融体系改革举步维艰,潜在的局部性和系统性金融风险逐渐积累。僵尸企业的大量出现,严重阻碍了经济结构调整和产业转型升级。清理僵尸企业,是结构性改革的重要突破口。

2015 年 3 月国务院总理李克强视察国家工商总局时首次提到了"僵尸企业"这个概念。随后,十八届五中全会后的首次国务院常务会会议上,处置"僵尸企业"成为会议的议题之一。在接下来的 2015 年 12 月 9 日的国务院常务会议上，僵尸企业的议题被再次提出：

> 对不符合国家能耗、环保、质量、安全等标准和长期亏损的产能过剩行业企业实行关停并转或剥离重组，对持续亏损三年以上且不符合结构调整方向的企业采取资产重组、产权转让、关闭破产等方式予以"出清"，清理处置"僵尸企业"。

为什么这些企业会被称为僵尸企业呢？

要解释这个概念，首先要从僵尸的词源说起。"僵尸"的英文是"zombie"。根据牛津大辞典的解释，这个词源自西非，跟刚果方言中"尸体"（zumbi）的发音很像。在非洲等地的民间传说中，有些邪恶的巫师会用法术使已经死掉的人复活，但复活之后的人没有意识，没有灵魂，只能听命于巫师，成为巫师的奴隶，帮着巫师干很多坏事。要解除这种巫术，只能靠另一个法力更加强大的祭司施展法术，让死人真正死去。随着奴隶贸易的扩散，关于僵尸的故事被带到欧洲和美洲，并逐渐成为流行文化的题材。

1968 年，乔治·A. 罗梅罗（George A. Romero）凭借一部《活死人之夜》（*Night of the Living Dead*）的电影一举成名，也让僵尸的形象深入人心。在电影中，僵尸的出现不再是因为巫师的法术，而是由某种病毒引起。僵尸最让人恐怖的特性就是传染。一旦被僵尸咬到，活人就会成为新的僵尸。

1987 年，正在俄亥俄州立大学任教的凯恩（Edward J. Kane）创造了"僵尸银行"这一说法。当时，美国有很多联邦储蓄和贷款保险公司（Federal Savings and Loan Insurance Corporation，以下简称储贷保险公司），其主要业务是管理存款保险，同时兼有发放贷款的功能。由于可以凭借优厚条件获得存款保险金，部分储贷保险公司在放贷的时候也就没有那么多顾忌，把大量资金贷给了并不满足资质要求的公司，承担了过多的风险。结果，这些贷款大多成为不良贷款。根据美国审计总署的数据，1984—1985 年间，大概有 230 家储贷保险公司的利润在每个季度都为负。如果看净资本的话，大概有 450 家储贷保险公司的净资本在这期间始终为负。

接下来发生的事情，成了日后应对僵尸企业的经典桥段。为了帮助这些机构，1986 年 3 月，美国银行监管部门规定，储贷保险公司可以将实际损失慢慢地分布到几年时间内体现，并且把资本金要求从 5.5％下调到 4％。在部分国会议员看来，储贷保险公司一直以来都在服务美国的经济发展，而且最近的表现还不错，不能让它们就这么倒闭。囿于强大的政治力量，1986 年，政府拿出了 150 亿美元来帮助这些储贷保险公司。到了 1987 年，政府又要拿出 107.5 亿美元帮助出问题的储贷保险公司补上窟窿。

这些扶持非但没能解决问题，反而让僵尸企业更加猖狂。在市场上，它们用比同行更高的利率吸收存款，又用比同行更低的利率去放贷，搞得整个行业乌烟瘴气，那些按规矩办事的储贷保险公司深受其害。等到 1989 年，这些公司的烂账已经彻底补不上了。美国政府最终出台了《金融机构改革、复兴和强化法案》（Financial Institution Reform，Recovery，and Enforcement Act），废除这些储贷保险公司，把它们管理存款保险的职能转移给了新成立的联邦存款保险公司。但是，此时采取补救行动已经有些迟了。随着大量储贷保险公司被清算并走向倒闭，金融机构在为企业提供融资时变得格外谨慎。再加上当时美联储为了应对通胀而不断提高基准利率，总需求水平受到巨大冲击，最终成为引发 20 世纪 90 年代美国经济衰退的重要诱因。

凯恩教授写道：

> 尽管储贷危机的爆发原因复杂，但借助简单的动画和恐怖电影就能解释为什么储贷保险公司会陷入混乱。在乔治·A. 罗梅罗的《活死人之夜》和《活死人黎明》（*Dawn of the Dead*）中，死尸爬出墓地，四处游荡，寻找猎物。他们要找的是鲜活的生命。当这些死而又生的"僵尸"猎捕了其他活人，活人很快就死去，也变成了僵尸。很多储贷保险公司时常

会变成僵尸机构。这些机构已经资不抵债，其资产低于其储蓄负债的水平。这些僵尸机构之所以能够生存，是因为它们通过政府担保的联邦存款保险机制，依靠纳税人养活。[①]

"僵尸企业"的提法鲜明生动，从此不胫而走。从现象上来看，所谓的僵尸企业，主要是指经营效益较差，已经处于连续亏损甚至资不抵债的境地，但由于金融机构或政府的"输血"，还能苟延残喘的企业。日本、美国和欧洲等发达国家和地区均出现过僵尸企业。

20世纪80年代中后期，日本经历了该国有史以来最大的一场资产价格泡沫，当时仅东京的地产总值就相当于整个美国地产的估值。最大的几家商业银行为此专门成立了住宅金融专门会社（简称住专），借钱给企业盖房，同时借钱给居民买房。20世纪90年代初，资产价格泡沫破裂，大量的房地产企业卖不掉房子，濒临倒闭；许多企业的房产价值大幅缩水，有的甚至资不抵债；有些在房价高峰时期按揭买房的居民还不起贷款，出现违约。住专因此出现了大量不良债权。面对这些问题突出的住专机构，日本政府的做法跟当年的美国如出一辙。1991—1993年，住专公司的不良债权问题已经十分突出，但大藏省依然认为可以通过财政资金注入或减免"住专"负担等方式解决问题，凭空增加了后来的安置成本。到了1996年，如何处理住专留下的不良债权成为日本政府要解决的头等大事。最终，在强烈的民意反对下，政府经过激烈的国会辩论，拿出6 850亿日元处置这些不良债权。许多学者认为这一时期的住专就是典型的僵尸企业，并且正是这些僵尸企业的持续存在，才导致日本经济出现连续十年的衰退。

21世纪初，美国航空业也出现了僵尸企业。受"9·11"恐怖袭击的影响，美国航空业陷入前所未有的低谷。部分航空公司出现大面积亏损，有的甚至资不抵债。但是，这些航空公司的债权人和

---

① Kane E. The Savings and Loan Insurance Mess. *Society*. March 1992；29（3）：4-10.

股东却坚持为僵尸企业输血，不让它们倒闭。政府更是全力支持，通过各种注资和优惠贷款，让处于困境的老牌航空公司得以存活。由于航空运力始终无法真正出清，低迷的需求导致价格和成本长期倒挂，整个行业发展因此受到严重影响。

再后来，受 2008 年次贷危机和 2011 年欧债危机的冲击，美国、韩国和欧元区一度出现了许多僵尸企业。这批僵尸企业享受到的待遇就更好了。先是有政府刺激经济的政策支持，后来又得到央行调低利率提供融资支持，部分大型企业还能得到政府或央行的直接注资。虽然在一定时期内这些措施避免了经济崩溃，但得到扶持的企业中确有应该倒闭的企业。这些僵尸企业占用了大量的信贷资源，最终影响到相关国家和地区的经济复苏进程。直到今天，受到僵尸企业的拖累，这些发达国家经济仍没有完全走出衰退。

二、一颗老鼠屎和一锅老鼠屎：僵尸企业的危害

记得中学时，每到公布成绩，老师就会数落班里学习成绩最差的几个同学。每次老师的台词基本都是："咱班的平均分又被你们几个拉低了！"这就是僵尸企业最直接的危害：僵尸企业和差学生一样，直接拉低了整个行业的效率水平。

这其中的道理很容易理解。僵尸企业的典型特征是效率低下，有些甚至已经到了即使卖掉全部家当也还不起债的地步。图 1－1 是 1990—2000 年针对日本 22 个行业数据的分析结果。如图所示，横轴是僵尸企业占比，纵轴为行业全要素生产率增长率，两者表现出显著的负相关。

但是，僵尸企业的危害可不止如此。让我们再次回到中学的场景。为什么这些差学生会让班主任如此头疼？如果他们只是每天迟到，上课睡觉，偶尔旷课不来，跟别的同学不相往来，或许班主任

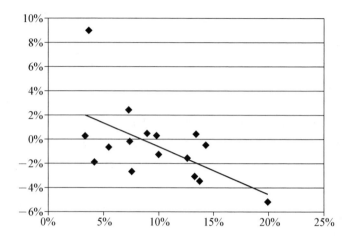

图 1−1　僵尸企业占比与行业全要素生产率（TFP）增长率

资料来源：Caballero，Hoshi 和 Kashyap（2008）。

还是能够容忍的。毕竟，大部分同学都在努力学习，班主任会把大部分精力放在鼓励好学生身上，帮助他们提高学习水平，即使总有那么几个差生，但总体来看，班级的平均成绩还是会不断提高的。真正让班主任头疼的是，这些差生自己不听课，也不让别人好好听课。差生在上课的时候并没有睡觉，而是在不停地讲小话、嗑瓜子，甚至打闹嬉戏。这些行为严重影响了老师上课的心情和效率，好学生想好好听课也难。这样下去，好学生想学也学不好，全班的学习成绩都会受到影响。从这个角度看，差学生对班级的危害就不再是"拉低了平均分"这么简单，生气的班主任会说："真是一颗老鼠屎，坏了一锅粥"。

　　僵尸企业就是这颗老鼠屎，一不留神整个行业甚至整个经济都会被它搞坏。

（一）危害之一：阻碍生产率提高

　　著名经济学家熊彼特在解释经济发展时，创造了一个概念，叫做"创造性毁灭"（creative destruction）。在他看来，经济发展靠的是不断创新。最初的创新来自极个别的企业家，他们通过天才的思路或发明革新生产技术或商业模式，开发新的市场，并由此获取超额利润。慢慢地，会有越来越多的企业家发觉这种技术或商业模式的存在并先后跟进，最终整个行业的需求会饱和，企业无法获得超额利润，但此时的行业已不同往日，整个行业的生产率已经站在了更高的起点上，等待下一轮的创新。

但这种创新是有代价的。随着新技术的推广，旧的技术和生产体系不能适应新的市场，而且通常来说生产成本和营销成本也会相对增加。因此，这些守旧的企业终将被市场淘汰。从这个意义上来看，创新是具有毁灭性的，创新在让一批企业崛起的同时，也迫使另一批企业走向消亡。但这就是成长的代价，是行业发展和生产率提高的必由之路。不破不立，只有经过洗礼，经济的整体生产率才会提高。

然而，僵尸企业的存在打破了上述进程。在出现新技术或新商业模式之后，部分企业的经营压力会增加，盈利水平不断下降。但是，这些企业背后有巫师存在，这个巫师往往是银行和政府。出于各种考虑，银行和政府不希望这些困难企业倒闭，即使它们已经无法盈利，即使它们已经资不抵债。僵尸企业的持续存在让新兴企业无法更好地实现产品替代，制约了新兴企业的崛起。既然创新无利可图，创新的动力就会逐渐丧失。没有了创新，行业就没法发展，经济就会失去活力。企业、行业和宏观经济就像三个互相联动的齿轮。只有企业充满活力，行业才能蒸蒸日上，只有行业蒸蒸日上，经济发展才能大展宏图。然而，僵尸企业就像锈掉的齿轮，无法顺畅地转动，一旦企业的齿轮被卡住，宏观经济的齿轮也终将停止转动（见图1-2）。

图1-2　企业、行业与宏观经济

（二）危害之二：降低资源配置效率

僵尸企业的第二大危害是让资源流向本不该去的企业和行业，严重降低了资源配置效率。这就好比班里所有的辅导书和名校考题都发给了不学习的差学生，而那些想学习的好学生们却只有一本破旧不堪的教科书。具体来说，僵尸企业主要会导致两种关键资源的错配：劳动力和资本。

Tanaka（2006）测算了一下20世纪90年代日本劳动力在夕阳行业和朝阳行业之间的转移效率，发现在衰退期间，日本的劳动力并没有从效率低的部门向效率高的部门转移。之前，已经有研究表明，受到特殊行业技能的限制，劳动力很难在不同行业之间自由流动（Abe and Ohta，2001）。但Tanaka（2006）的研究发现，20世纪90年代日本劳动力流动性下降的重要原因之一是僵尸企业过多。僵尸企业招募的劳动力数量远大于正常企业，这严重阻碍了劳动力向生产率更高的企业转移。不仅如此，Tanaka（2006）还发现，一旦劳动力进入僵尸企业工作，就不再愿意从僵尸企业退出。Hoshi（2006）的研究也发现了类似的结论。Hoshi（2006）对1993—2001年日本上市公司进行分析后发现，在控制盈利因素后，僵尸企业和正常企业在减少就业岗位上没有显著差异，但是僵尸企业比正常企业创造了更多的就业岗位。这种现象反映出僵尸企业希望通过扩张摆脱困境，从而变为正常企业的动机。

僵尸企业主要通过以下两个机制导致资本出现错配。一是僵尸企业的存在导致资本的配置不满足边际成本等于边际收益的最优条件。简单来说，就是僵尸企业本身由于经营效率低下，不能发挥资本的最高价值。就好比你把唯一的精编习题集给了差学生，不用说他根本就不想学习，就算想学习他也看不懂、用不了。

按道理来说，银行应该将贷款从表现较差的企业收回，并投向效率更高的企业，以提高资金使用效率和收益，也就是把这本习题集从差学生手中收回，而留给好学生使用。但是，现实中的银行为了掩盖不良贷款，会不断给较差的企业提供资金支持，这样就阻碍了资本的有效配置，那些更有能力运用资本的企业反而更难拿到资本。Kwon，Narita和Narita（2015）通过构建包含异质性厂商的模型来计算这种信贷资源错配导致的效率损失。研究结论表明，20世纪90年代日本总体生产率的实际降幅中，有37％可以用资本的错配来解释。

二是由道德风险导致的资金使用效率低下。在僵尸企业眼里，银行的钱实在来得太容易，花起来自然是不考虑效率。Sekine，Kobayashi和Saita（2003）对1986—1999年间日本东京证券交易所的上市公司中的僵尸企业进行了研究。结果发现，僵尸企业在获得大量信贷资源之后，盈利水平出现了降低。问题的关键在于，造成盈利水平下降的原因并非资本边际报酬递减。如果资本边际报酬递减是造成盈利水平下降的原因，那么反过来也会导致企业可承受的贷款利率下降，否则企业就不会愿意增加贷款。可事实上，研究却发现虽然利润在下降，贷款利率却和利润变动之间没有什么显著的相关性。Sekine，Kobayashi 和 Saita（2003）指出，造成盈利水平下降的真正原因是道德风险：僵尸企业过于容易获得资本，因此并不在意资本的使用效率。这些企业在拿到廉价资本之后，往往会进行大规模投资而不顾这些投资的必要性和效率（Fukao et al.，2006；Imai，2014）。这种行为会导致产能过剩加剧，挤压产品价格，造成整个行业经营环境恶化，好的企业也因此受到影响。这就引出了第三个危害：加剧产能过剩。

（三）危害之三：加剧产能过剩

在实际经营中，企业并不会经常改变价格，而是会根据市场价格变化来调整产量。价格高就多生产一点，价格低就少生产一点。为了灵活应对价格变化，企业就会预留出多余的生产能力。当大部分企业都有多余生产能力时，整个行业自然也就会存在多余产能。这种因经营需要而出现的多余产能十分普遍。从历史经验来看，发达国家产能利用率（实际产量/全部生产能力）的历史平均水平大概只有80%，也就是近两成的生产能力都没用上。因此，行业存在多余产能是正常现象。

但是，有些多余产能并不是因经营需要而出现的，这部分多余产能就成为过剩产能。一般而言，行业的产能水平总是要与市场需求相匹配。市场需求一旦减少，整个行业的产能水平就要进行相应调整。正常情况下，首先被淘汰掉的产能就是那些落后产能，对应的企业自然就会倒闭。随着落后企业不断倒闭，行业产能会逐渐减少，直到行业产能与市场需求再次匹配为止。僵尸企业的存在会打断这种必要的调整。在市场需求减少时，这些效率较低的企业却没有被淘汰。本该减少的产能却没有减少，自然就成为多余产能。显然，这部分多余产能并不是因经营需要而出现的，而是僵尸企业阻碍了行业去产能的过程。

许多学术研究已经证明，僵尸企业占比较多的行业，产能过剩现象也就更加严重。不仅如此，还有研究表明，僵尸企业比正常企业更愿意增加员工数量，个别僵尸企业甚至还不断增加投资，而且投资效率普遍较低。这会导致产能过剩进一步加剧。

产能过剩的最直接影响就是会压低产品的市场价格。持续严重的产能过剩，就会导致产品价格不断下降。在生产率不提高的情况下，成本很难降低，此时价格下降就意味着利润被挤压。这种情况下，产能过剩导致的竞争就变成"剩者为王"——活下来就是胜利。照理来说，本该是那些效率高的企业活下来。但若有的企业得到了某种庇佑，获得了不死之身，那结局就不再是常理所能预测的了。

（四）终极危害：劣胜优汰

Nishimura，Nakajima 和 Kiyota（2005）在研究日本制造业和建筑业时，发现了一个奇怪的现象：1996—1997 年间，相对于活下来的企业，选择退出的企业反而生产率更高。不仅如此，那些新进入企业的生产率竟然比现有的企业要低！这完全违背了"优胜劣汰"的法则。

其实，要解释这个现象并不困难。可以想象，如果班级里的差生过于嚣张，不仅自己不学习，上课捣乱，还结成了学校里的"黑社会"，专门欺负好学生，那么好学生就会在忍无可忍的情况下，选择调班或者转校。于是，就出现了差学生没有被开除，反而把好学生挤走的情况。

僵尸企业之所以能够挤垮好的企业，是因为它们更能承受亏损。当行业不景气的时候，产能过剩加剧，产品价格不断下跌，行业内的企业承受着更大的经营压力。在最寒冷的经济冬天，可能会出现全行业亏损。好的企业经此磨难，可能会选择壮士断腕，成败利钝，终非人力所能控制。失败的企业则选择保住自己的尊严。"至今思项羽，不肯过江东"。僵尸企业可不管这些，它们通过源源不断的银行贷款，获得了巨大的耐亏损能力。笑骂由你笑骂，僵尸我自为之。

故事还没有结束。好企业不断退出，就意味着银行的优质客户逐渐减少。这样，银行就只能把更多的钱投向僵尸企业。恶性循环就是这样形成的：僵尸企业拿到钱——好的企业被淘汰——银行没有好的项目——僵尸企业拿到更多的钱。最终，僵尸企业大行其道，银行反而成为僵尸企业的附庸，银行成为僵尸银行。整个经济一蹶不振，陷入长期衰退。

一开始，是一颗老鼠屎。如果我们不加注意，姑息纵容，等到一夜醒来，你会发现锅里变成了热气腾腾的一锅老鼠屎。

三、周期性行业里的僵尸企业

按道理说，只要有银行或其他主体不断提供直接或间接的资金支持，僵尸企业可以在任何情况下出现在任何行业。因为这就是僵尸企业的生存之道。但从各国的实际经验来看，僵尸企业更容易出现在周期性行业中，比如航空业、钢铁行业和汽车行业。

为什么会出现这种情况呢？

一个比较直观的解释是，政府会直接或间接地帮助这些企业活下去。有些行业的周期大多与宏观经济的周期高度相关，比较典型的就是钢铁和汽车行业。在宏观经济不景气时，这些行业同样会遭受负面冲击，甚至比宏观经济下行得更明显。在过去很长一段时间内，发达国家政府信奉经济自由主义政策，认为自己应该坚守"守夜人"的角色，不应擅自干预经济。20世纪30年代发生在西方国家的大萧条打破了这种迷梦。自那以后，政府不再对经济下滑坐视不理，保障经济发展和就业稳定成为政府最重要的政策目标。为此，在宏观经济面临衰退时，政府大多会实施扩张性的宏观政策刺激经济。既然周期性行业受经济下滑的影响最大，那在政府刺激经济之后，获益最多的自然也是周期性行业。

经济下行的寒冬会摧毁竞争力差的企业，这种淘汰虽然残酷，却能提高行业总体水平。但政府的需求刺激政策就像点燃了一堆篝火，让那些本该被淘汰的企业免于破产，获得喘息之机。在个别情况下，政府甚至会亲自雪中送炭，通过给企业直接注资，甚至收归国有等方式，帮助企业生存下来。

客观来讲，我们不能把政府这种直接或间接扶持企业的行为一棍子打死。有时候政府确实会看走眼，扶持那些早已病入膏肓的企业，以致最终酿成更大的祸患，如 20 世纪 90 年代日本政府对"住专"的扶持。但有些情况下，政府确实是帮对了人。这些企业在接受政府注资之后，挺过了经济的寒冬，并重新焕发出新的活力，典型的例子就是美国政府对通用汽车的直接注资。我们将在稍后介绍这一案例。从历史经验来看，政府在紧急关头果断出手可以避免出现最差的情况。经济学界经常将 20 世纪 30 年代的大萧条和 2008 年的金融危机相比较，主流结论认为正是由于此次全球政府都采取了果断的应对措施，才避免 2008 年的金融危机演化成 20 世纪 30 年代的大萧条。[1]

然而，政府的扶持政策只是原因的一方面，利益相关方的乐观预期才是导致周期性行业更容易出现僵尸企业的根本原因。企业为政府提供税收、创造就业，企业从银行的贷款形成银行的资产，企业对债权人的负债成为债权人的资产。因此，政府、银行和企业债权人都是企业的核心利益相关方，企业倒闭对大家都没有好处。周期性行业就意味着有高峰和低谷，虽然企业目前身处逆境，但行业总会复苏的。冬天到了，春天还会远吗？这种对行业必然回暖的预期才是它们帮助企业的根本原因。但这种预期纵然是对的，也未必准确，除非满足一定的条件，否则即使行业回暖，企业也仍然无法好转。这时银行对僵尸企业的贷款债务就会越滚越大，初期对僵尸

---

① Barry Eichengreen，*Hall of Mirrors*，Oxford University Press，2015.

企业的各种帮助和扶持，反而增加了日后处置僵尸企业的成本。

（一）航空业里的僵尸

在周期性行业中，航空业是比较典型的代表。航空业是一个高资金投入、劳动力密集、高固定成本的行业，其产值和利润受国家经济景气周期的影响非常明显。航空公司必须要预见未来几年的运力需求，签订飞机订单之后几年内（也许是亏损年）飞机才能交付使用，这是航空业难以克服的"盈利—亏损"循环。如图 1-3 所示，1978—2014 年间，全球航空业共经历了四次衰退，分别是第二次石油危机时期、海湾战争时期、"9·11"恐怖袭击之后以及 2008年金融危机初期。其中，后两次衰退期间，全球航空业受到的冲击比较大，在 2001 年"9·11"事件之后，全球航空业到 2004 年才恢复到 2000 年的水平。而 2008 年金融危机造成的影响则更加深远，截至 2014 年，全球航空乘机人次仍然没有恢复到 2007 年的水平。

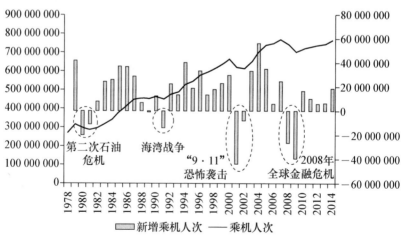

图 1-3　1978—2014 年全球航空服务消费状况
资料来源：AFA（Airlines For America），经作者处理。

由于能提供大量的劳动岗位和产值，航空业往往是发达国家的支柱产业，在美国更是如此。在美国航空业的行业组织美国航空 (Airlines For America) 的官方网站上，专门强调"航空业是经济发展至关重要的引擎"，并给出一系列数据支持，包括 1.5 万亿美元的产值和 1 100 万人的岗位驱动。

因此，每次航空业遇到重大挫折，美国政府总会第一时间站出来嘘寒问暖。在"9·11"恐怖袭击发生之后的第 10 天，美国审计总署 (General Accounting Office) 马上向美国商业、科技和运输参议院委员会 (Committee on Commerce, Science, and Transportation, U. S. Senate) 要求对美国航空业给予财政补贴、融资优惠和税收减免等一系列帮助。在美国审计总署署长戴维·沃克 (David M. Walker) 的证词中，对航空业的描述是这样的：

> 保持一个充满活力、发展势头强劲并富有竞争力的商业航空运输系统符合美国的国家利益。一个财务健康的航空运输系统不仅对人力、物力的运输至关重要，而且会对整个经济产生广泛的影响。因此，联邦政府需要给这个行业提供资金支持。

在此后的十年里，美国政府总是费尽心思地帮助航空业。一方面，美国政府给航空公司提供了庞大的资金支持，包括 50 亿美元的无偿援助、50 亿美元的无息贷款和 50 亿美元的低息贷款。此后，2003 年因伊拉克战争和非典型肺炎 (SARS) 问题，美国政府再次给航空公司补助 23 亿美元。这些都是直接性的补助或优惠，其他大量的军方采购和订单补助更是多到难以统计，欧盟还专门因为此事与美国在世界贸易组织 (WTO) 打了一场嘴仗。而且，这些补助资金中超过 70％的部分都流向了老牌航空公司，订单补助更是如此，成立时间较短的低成本航空公司则基本没有得到补助。另一方面，政府还提供了十分贴心的担保服务。2001 年，为了让美洲航空公司 (American Airlines) 顺利并购环球航空公司 (Trans-World Airlines)，美国政府和美洲航空公司达成协议，政府承担原环球航空公司相当一部分债务，避免美洲航空公司因被并购航空公司的财务问题拖垮公司。除个别美国的大型航空公司外，大部分的美国航空公司几乎都有破产保护记录，个别航空公司还不止一次。如果没有政府出面的担保，航空公司就面临停止运营的风险。政府的财政担保让美国大陆航空公司、联合航空公司得以再生；让西北航空公司、达美航空公司在破产保护下继续运行。

考虑到航空业如此重要的地位，美国政府对航空公司的帮助似乎情有可原，毕竟这关乎上万亿美元的产值和上千万人的岗位。然而这并不是全部的故事，故事的背后还有一个故事。

在航空行业最困难的时期，反而有一批被称为"低成本航空公司"的企业并没有出现大规模亏损，而是逆势成长并获得了不菲的盈利。1978年，美国正式解除了对航空业的管制，由此诞生了一批低成本航空公司。与老牌航空公司相比，低成本航空公司最主要的特点是机队机型少，票价结构简单。到21世纪初，经过几十年的摸索和发展，低成本航空公司资金实力普遍比较雄厚，产品线也已经趋于成熟。更重要的是，这些公司不必面对那些所谓的"遗留问题"，比如退休员工的工资、维护多种机型飞机和旧飞机的成本，以及维持航线网络的成本。

经营模式的差异决定了两类公司不同的债务积累路径。在冲击面前，所有航空公司都要增加贷款来补充受损的现金流。但是，由于老牌航空公司面对的固定成本太高，所以只能把借来的钱主要用于维持日常经营。而低成本航空公司则大多把借来的钱用于增加流动资产，让钱生钱，从经营中产生新的现金。渐渐地，老牌航空公司的债务越来越多，高额债务导致了利息支出也在不断增加，财务状况日益恶化。低成本航空公司的债务虽然也增加了，但是数量并不大，而且它们的借款都能产生新的现金流，所以偿还能力自然比老牌航空公司要好。2003年，低成本航空公司每天产生现金220万美元，而老牌航空公司每天只有约68.2万美元。在事后处理债务时，几家老牌航空公司动用了全部（或者几乎全部）资产，这只能进一步限制它们进入资本市场。而低成本航空公司不断从经营中产生现金，适当的借贷成为良好的助力，自然能获得资本市场的认可。久而久之，两类航空公司在偿还债务的能力方面差距逐渐加大。

数据可以证明，低成本航空公司在此期间取得了惊人的成绩。1998—2003 年，低成本航空公司的可用座位英里数（衡量其供应能力的指数）份额从 10.8％增长为 17.5％。2004 年美国低成本航空公司的运输份额占美国国内航空运输量的 25％。2000—2003 年，老牌航空公司的服务需求下降了 11％，而低成本航空公司上升了 37％。2000—2003 年，老牌航空公司客运收益下降了 28％，而低成本航空公司却增长了 12％。2000 年，老牌航空公司和低成本航空公司 1 000 英里航段单位成本差距为 45％，到 2003 年，前者的单位成本高出后者 67％。

经过多年的快速发展，目前低成本航空公司已经占到美国民航业 30％以上的份额，并成为美国航空业发展的全部增量。事后来看，把美国航空业中的传统公司看作僵尸企业并不为过。美国政府对传统航空公司的帮助，最终只不过延迟了低成本航空公司的崛起。

（二）通用汽车的重生

1953 年，原通用汽车总裁威尔逊就任美国国防部部长。在国会听证会上，他说了一句流传至今的话：

> 在过去的日子里，凡是对美国有利的，都对通用汽车有利，反之亦然。

自那以后，"反之亦然"背后的含义——凡是对通用汽车有利的，都对美国有利——成为通用汽车的标签。自 1908 年成立以来，通用汽车几经沉浮，不断发展壮大，并坐上了全球汽车行业的头把交椅。2007 年，通用汽车全年共售出超过 936 万辆，创下了通用100 年历史中的第二个最佳纪录——仅次于历史最高的 1978 年。

就在同一年，通用汽车也创下了历史亏损纪录。2007年，通用汽车全球范围内的净亏损额高达387亿美元。通用汽车这一轮的亏损始于2004年第四季度。到2005年底，通用汽车已经连续第五个季度亏损，其在美国市场的销量同比下跌22.7%。2005年第四季度，通用汽车公司亏损48亿美元，2005年全年的亏损则高达86亿美元。到了2006年，情况略有好转，但通用汽车仍出现19.7亿美元的亏损。在2007年创出历史最高亏损纪录之后，2008年第二季度，通用汽车亏损高达155亿美元，通用汽车的市值也达到了1929年以来的最低水平。2008年第三季度财务报告显示，通用汽车亏损额达到25亿美元，德意志银行将通用汽车的股票评级从"持有"转为"出售"。2008年，通用汽车的资产负债率已经高达1.94，表明通用汽车已经严重资不抵债。

2008年9月，雷曼兄弟破产掀开了次贷危机的序幕。次贷危机引发的金融恐慌导致整个短期信贷市场瞬间崩塌，美国各大银行人人自危，纷纷收紧信贷。美国的实体企业因此很难获得来自银行的短期周转融资，这更是让处于困境中的通用汽车雪上加霜。

持续的巨额亏损加上流动性紧缺迫使通用汽车向美国政府发出求救信号。2008年12月2日，通用汽车集团向美国国会申请250亿政府紧急救助贷款。随后，美国向通用汽车提供了134亿美元的短期贷款，条件是按照美国政府给出的计划进行重组。到此为止，通用汽车确实满足了僵尸企业的定义——持续亏损，资不抵债，靠政府注资才免于破产。

然而，134亿美元的短期贷款并没能救活通用汽车。2009年4月27日，通用汽车再次向美国政府申请高达116亿美元的政府贷款。截至2009年6月，通用汽车公司负债达到1 728.1亿美元，这远远超过了其所拥有的822.9亿美元资产。由于陷入了严重资不抵债的困境，2009年6月1日，通用汽车公司向纽约破产法庭递交破产保护申请，正式进入破产保护程序。

最终，通用汽车的利益相关方还是达成了新的重组计划，并于

2009 年 7 月 10 日宣布结束破产保护，新通用汽车公司就此诞生。但是，美国政府为此投入了巨大的救助成本。2008—2009 年间，美国财政部以贷款和注资等方式，共向通用汽车提供 495 亿美元的救济金，同时换取该公司 9.12 亿股票，在新通用汽车公司的持股比例为 60％。针对这笔救助，美国财政部曾预测向通用汽车注资将损失 440 亿美元。

事实证明，通用汽车的重组必要且有效。通用汽车的重组措施主要包括大规模裁撤高管和员工，员工降薪和高管限薪，关闭部分地区性工厂，以及出售旗下部分品牌。等到 2010 年 4 月，新通用汽车用不到一年的时间就已经还清了全部的政府贷款。新通用汽车公司于 2010 年 11 月 18 日在华尔街重新上市。2011 年 3 月 4 日，通用汽车公司公布重组后首个全年财报，显示 2010 年通用汽车共实现普通股股东净利润 47 亿美元，连续四个季度均实现盈利。此后在 2011—2015 年间，通用汽车公司营业收入增长率和净利润始终为正。通用汽车迎来了新生。

通用汽车的重生表明美国政府的救助非常成功。到 2013 年底，美国政府已经将持有的通用汽车公司股票全部出售，共计收回资金约 390 亿美元。两相比较，政府在救助通用汽车问题上大概付出了 100 亿美元的成本，这远小于 2009 年美国财政部估计的损失。而且，更重要的是这比放任通用汽车破产而导致的成本要小得多。正如美国财政部长雅各布·卢在声明中提到的："如果不向通用汽车提供救助，美国会因此损失超过 100 万个就业岗位。"

（三）启示

重新审视周期性行业的两个例子，可以发现故事的开头是如此的相似：都是意外冲击（"9·11"事件和金融危机）导致出现巨额亏损，都多次获得政府的资金支持。然而，等到故事终了，通用汽车重获新生，可美国老牌航空公司还在继续挣扎，始终没能迎来属于自己的春天。

原因何在？

就企业而言，缺乏周期思维是企业容易陷入困境的主要原因。身处周期性行业的企业往往会在繁荣时期过度投资，以抢占更多的市场份额。但它们却忽略了一个关键事实：利润和亏损是按照同样的市场份额进行分配的。一旦行业受到冲击，之前获得最多利润的人就是现在要承担最多亏损的人。有时候不同周期下的盈亏分配还会呈现出显著的不对称性，盲目扩张的企业承担的亏损份额可能要远大于之前获得的好处。因此，周期性行业中的企业应该强化周期思维，学会居安思危，在身处顺境时不要盲目乐观，时刻保持企业具有较高的恢复力。

政府可以学到的就更多了。正如前文所述，在周期性行业面临危机时，政府进行财政支持的行为完全可以理解。在紧急情况下，政府对特大企业的暂时性输血，是保证不出现连锁反应和行业性崩溃的必要条件。上述案例表明，周期性行业里的僵尸企业并非无药可救。危急时刻，政府理应果断出手，避免出现最坏的结果。

但是，光靠输血是远远不够的，比输血更重要的是促使公司和行业展开变革。在应对 21 世纪初的航空业衰退时，政府显然认为这只是暂时性的需求冲击，而没有看到航空业正面临的巨大变革——低成本航空公司的崛起。政府对老牌航空公司的持续救助看似挽救了航空业，但实际上阻碍了行业的结构性调整。当时，老牌航空公司也提出了一些减少成本的计划，但由于这些计划只是流于表面，并没有涉及真正的变革，导致最终效果并不理想。相比之下，美国政府对通用汽车提出了严苛的重组要求，重组之后的通用汽车可谓脱胎换骨，一举改变了此前连年亏损的局面。

因此，问题的关键在于政府要把输血当成要求公司变革的筹码，而不能让公司把政府的救助变成沉没成本，以此要挟政府。在下一部分，我们会对 20 世纪 90 年代日本出现的僵尸企业进行研究，其中一个主要结论就是"企业自救才是企业摆脱僵尸状态的关键"。由此来看，通用汽车的成功并非偶然。"唯用霹雳手段，方显菩萨心肠"。如果政府一定要救助这些企业，那就应该对它们提出更高的改革要求，让企业最终恢复造血能力，早日重生。

四、经济衰退时期的僵尸企业

（一）经济衰退时期可能导致僵尸企业大量出现

俗话说："三分天注定，七分靠打拼"。对于企业来讲，"天"就是整个宏观经济环境。宏观经济不景气会从流量和存量两方面影响到企业，因此可能导致僵尸企业大量出现。

一方面，宏观经济不景气会导致总需求不足和价格水平下降，企业利润受到挤压，现金流不断恶化，企业的利息成本就会相对增加。这时，企业偿还债务本息的压力会逐渐增加，直到无法按时偿还利息，形成实质性违约。此时，银行出于减少不良贷款的考虑，不会贸然选择清算，往往会继续给企业追加贷款，以期市场改善后，企业能够恢复正常盈利并偿还所有本息。

另一方面，经济衰退期往往会伴随资产价值的大范围重估。在企业的资产负债表上，资产端对应的厂房、土地和设备价值就会面临大规模缩水的风险，而负债端则大多是刚性负债，不会减少。如此一来，即便某些企业的经营可能不会受经济衰退太大影响，有些优质企业甚至会在市场不景气时抢占更多的市场份额。但是，由于资产价值出现大幅缩水，企业可能会在极短时间内陷入资不抵债的状态，也就是技术性破产。野村证券首席经济学家辜朝明提出的资产负债表衰退理论，描述的就是这种状况。[①] 一旦认定为这种情

---

① 辜朝明. 大衰退：宏观经济学的圣杯. 上海：东方出版社，2016.

况，银行和政府就会继续对这些暂时受困的企业给予资金和信贷支持。

20 世纪 90 年代，日本经历了一次长时间的经济衰退，被称为"失去的十年"。在此期间，日本出现了大量的僵尸企业，严重阻碍了日本经济的调整和恢复。在这一节里，我们将以日本的经验为例，重点介绍经济衰退期僵尸企业的表现和成因，并从银行、政府和企业三方的角度，总结日本应对僵尸企业的基本经验。

（二）日本的经验

20 世纪 90 年代初，日本资本市场泡沫全面破裂，房地产和股票市场大幅下跌，从那时起整个经济陷入了十余年的衰退。在此期间，僵尸企业出现了两次。第一次是在衰退初期，大量经营房地产、建筑的公司受房价下跌影响出现经营困难，部分倒闭，部分获得外部融资支持成为僵尸企业。为这些僵尸企业提供融资的机构本身成为僵尸金融机构，为世人所熟知的僵尸金融机构就是下文的主角，名字叫做"住专"的大型僵尸。第二次是 2000 年以后，这次的僵尸企业主要分布在零售、酒店等行业，但由于这些企业的规模并不大，也并非高度关联性行业，因此日本并没有把它们作为行业问题，而是作为个案区别对待。在处置措施上，政府并没有过多介入，主要凭借资本市场和金融机构的力量处理。

下面，我们先讲一讲"住专"的故事。

1. 住专变僵尸

住专是"住宅金融专门会社"的简称，第一家住专成立于 1971 年，成立的初衷是商业银行要扩大个人住房抵押贷款业务的规模。但到了 20 世纪 80 年代中期，随着房地产泡沫的不断膨胀，住专开始突破自己的业务范围，从事商业地产的贷款。这一时期，城市商业用地是主要投资热点，许多本来不经营房地产的企业也加入炒房大军中，重复质押的情况更是屡见不鲜。许多银行不方便直接放贷的项目，或者风险较高的项目，都转手介绍给了自己对应的住专。1980—1990 年间，住专向企业发放的房地产开发贷款由 1 400 亿日元上升到 9.6 万亿日元，占比从 4% 上升到接近 80%，摇身一变成为"房地产金融专业公司"。

整个信贷市场更是疯狂。根据日本银行的数据，1984—1989 年，日本银行年贷款额由 202 万亿日元增加到 317 万亿日元，增幅达 57%。其中，银行对制造业（一般机械、电气机械和运输机械）的贷款 1984 年为 55 万亿日元，1989 年为 54 万亿日元，6 年间没有变动，而对非制造业（建设、金融保险、不动产及商业服务业）的贷款则由 120 万亿日元增至 206 万亿日元，增幅 72%，其中住宅贷款由 14 万亿日元增至 35 万亿日元，增幅 150%。

等到 1990 年，日本政府开始注意到房地产市场过热的情况。日本大藏省为了控制银行向房地产行业的大量融资，决定对银行的房地产信贷规模实行总量控制。但这根本就是一个自欺欺人的调控，因为按照规定，住宅金融专业公司并不包括在内。这给房地产市场融资留了个口子，也为今后埋下了祸患。于是，普通商业银行向房地产行业的抵押贷款虽然在下降，但实际上资金需求全部转向住专。有些股东银行纷纷把本是自己的客户转给旗下的住专。同时，为了保证住专的资金来源，大藏省竟然去忽悠农林水产省，让农林水产省一起"劝说"农协类金融机构向住专公司注入资金。1989 年，农协类金融机构对住专公司的贷款规模约 1.9 万亿日元。等到后来住专东窗事发时，农协类金融机构对住专公司的贷款规模已经飙升至 5.5 万亿日元，成为后期住专公司的主要资金来源。

从 1991 年起，房地产市场泡沫开始破裂，地价紧随股价出现大幅下跌。以 1990 年的地价为基准，1994 年东京市住宅地价下跌了 40%，中心的商业地价下跌了 60%。楼市疯狂之时，房地产公司建造了大批写字楼、公寓，但随着地价下跌，买家瞬间消失，有些楼盘以不到 20% 的价格出售仍然无人问津。住专的主要贷款对象——中小房地产公司普遍出现经营亏损，无法按期还贷，甚至丧失了支付贷款利息的能力。有些企业已资不抵债，住专即使采取清偿还贷措施，也只能收回贷款的一小部分。

但是，出于对"土地神话"的笃信，银行方面的基本判断是：地价下跌是暂时现象，迟早还会反弹。于是，股东银行通过住专继续向房地产业追加贷款，政府系统的各类金融机构也采取了相同的措施，因此就出现了"僵尸银行支撑僵尸企业"的局面。越来越多的企业为避免破产而成为僵尸企业，住专所背负的实际不良贷款也像滚雪球一样越来越大。

事实上，大藏省早在1991年前后就已经感觉到住专的发展苗头不对。在对住专的实际经营情况进行一次全面调查之后，大藏省发现住专公司在管理上存在严重问题，不良资产总额为4.6万亿日元。不知大藏省是想要掩盖真相，还是没有把住专的问题当成大事，这次调查报告并未被公开，更没有被告知当时已经是住专公司主要债权人的农协类金融机构。但问题总归还是存在，大藏省因此提出了一个"住专重建方案"，要求住专对应的股东银行将借给住专的贷款转为资本金，以此来缓解住专的债务，说白了就是债转股。同时，大藏省还限制金融机构对住专继续提供贷款，但农协类金融机构却不在此列。大藏省甚至又去同农林水产省商量，继续引入农协类金融机构的资金作为住专的周转资金。这是大藏省对农林水产省的第二次忽悠。

纸终究包不住火。1995年3月，四家住专公司公开宣布丧失还贷能力。这时，大藏省再次对七家住专公司进行全面调查，发现这七家住专公司都已经实质性破产。调查初步表明，住专公司的不良资产规模已经达到8.1万亿日元，处理这些不良资产要承担的可能损失高达6.4万亿日元。三年过去了，住专的呆账不降反升，1992年的"住专重建方案"彻底宣告失败。

最让人震惊的事情并不是损失的规模，而是事情已经发展到如此地步，住专仍然不能顺利破产。在住专的全部负债中，股东银行的负债约为 3.5 万亿日元，排名仅为第二，之前被数次忽悠的农协类金融机构才是住专的最大债权人，对住专的负债高达 5.5 万亿日元。如果住专走向破产，处置不良资产可能会造成 6.4 万亿日元的损失，而农协类金融机构至少要承担其中一半损失。所以，农协类金融机构坚决反对让住专破产，而是要求股东银行继续出资救助住专。股东银行不是傻瓜，它们很清楚住专早已无可救药，因此任何超过股东银行实际负债的损失都是不能接受的。而且，来自股东银行的融资大多都有抵押品，哪怕住专破产了，股东银行还能通过处置抵押品挽回一些损失。日本全国银行协会明确表示："如果要求股东银行对住专的债务承担过大的责任，将不反对住专的破产处理。"

大藏省几经斡旋，终于达成了各方都同意的住专处置方案。第一步是债务减免，规模为 6.41 万亿日元。其中，股东银行放弃对住专的全部债权，也就是 3.5 万亿日元，其他债权人放弃对住专的 1.7 万亿日元债权。剩下的 1.21 万亿日元的债务中，由农协类金融机构以"赠予"的名义承担 5 300 亿日元，再用财政资金承担 6 800 亿日元的债务损失。第二步，成立一家专门处理住专债务的机构，接受 7 家住专的全部资产并负责处置。至此，僵而不死的 7 家住专公司终于寿终正寝，走进了坟墓。

2. 病理分析

住专问题的出现和最终处理，折射出日本在"失去的十年"里存在的诸多典型问题。虽然住专最终走向了破产，但僵尸企业并未从此消失。往事并不如烟，研究住专问题出现的病理，有助于中国在处置僵尸企业时避免犯同样的错误。

从住专变僵尸的过程中可以看出，最直接的原因是政府的政策失误。第一个失误是"漏"，之所以加引号是因为这种"漏"可能是故意的。1990 年，政府用信贷规模控制的方式调控房地产市场，却"漏"掉了住专；等到后期限制金融机构对住专的贷款时，又"漏"掉了农协类金融机构。这种不彻底的政策设计直接导致住专债务规模不断增加。

第二个失误是"拖"。早在 1991 年前后，大藏省已经发现了住专的问题。如果当时大藏省就能果断处置，住专背负的不良贷款或许会小得多，至少农协类金融机构不会陷入过深。但是，大藏省却选择了拖延，指望仅用债转股的方式帮助住专公司脱困，无视住专的深层次问题。事后处置住专时，作为最大债权人的农协类金融机构之所以能承担最小的损失，重要的筹码就是大藏省对第一次住专公司调查结果的掩盖行为。虽然大藏省以"保护企业机密"的理由为自己辩护，可当时农协类金融机构已经是重要债权人。非但不告知实际情况，还二次忽悠农协类金融机构继续追加贷款，这种行为集中体现了大藏省的"拖字诀"。先是"漏"，后是"拖"，最终酿成了重大危机，整个金融系统和宏观经济都为此付出了巨大代价。

3. 大藏省"先漏后拖"的原因何在？

原因之一是住专的官员大多来自大藏省和股东银行。当时，7 家住专的总经理、董事长等要职几乎均由大藏省的退休官员担任。在所有高管中，来自股东银行的高管接近 9 成。最典型的例子是，日本住宅金融公司的总经理庭山庆一郎就是大藏省出身。不仅如此，正是庭山庆一郎当年向大藏省提议设立"专门从事个人住房抵押贷款的机构"，随后由他本人亲自出马，联合三和银行等 9 家银行共同出资，组建了日本第一家住专公司——日本住宅金融公司。住专破产就意味着这些前任官员和下放高管的饭碗不保，可以设想这些人为了避免住专破产会付出多大的努力。只不过这种小算盘终究拿不上台面，当然更无法服众。

更深层次的原因在于日本战后形成的"护送船队"式金融监管体制。"护送船队"的比喻来自二战时期负责运送武器或粮食的护卫舰队。当时，日本的运输船一般 20～30 艘为一队，然后由巡洋舰进行护送。在航行过程中，为保证所有船队都能顺利到达目的地，航速最慢的船决定了整个船队的行进速度。在日本的经济组成中，大藏省就是巡洋舰，金融部门就是航速最慢的船，因此所有的监管政策都是保护金融部门的发展和稳定。在"护送船队"模式下，日本银行在接近半个世纪的时间里保持了无一破产的纪录。

如果用一句话概括这种监管思路，那就是"一个都不能少"。这种模式确实可以照顾到弱势部门和弱势企业，但这种保护会减少企业和行业间的竞争，并容易滋生出极大的道德风险。在这种监管思路的指导下，1990年大藏省要调控房地产市场，却为住专留了口子，让它们扩大一些业务，多获得一些贷款利息。住专也深知大藏省不会轻易让自己破产，贷款就更加肆无忌惮，有时甚至连抵押都不要。大藏省在第二次调查后公布了7家住专各自的贷款额排名前五十位的公司的呆账及坏账资料。根据公布的资料，7家住专向这350家公司共发放贷款4.4万亿日元，但用于抵押的房地产价值只有1万亿日元，仅为贷款额的24.4%。1992年，大藏省已经明确知道住专出现问题，却还是想通过债转股、增加过桥资金等方式帮助住专，完全无视住专已经破产的现实。

一旦救了根本救不活的人，那就等同于在用巫术复活尸体。最初是"一个都不能少"，最后是"一个都跑不了"。7家住专的破产让政府吞下了自己种下的苦果。1997年，日本排名前十的北海道拓殖银行宣布破产，彻底打破了日本一直以来"银行不破产"的神话，也宣告了"护送船队"模式的终结。

等到21世纪初日本政府再处置僵尸企业的时候，思路就发生了巨大的改变。日本政府再没有直接帮助僵尸企业，反而加强了监管，让僵尸企业暴露在阳光下。根据Fukuda的研究结果，这一时期只有少数僵尸企业破产，很多僵尸企业反而恢复了正常运营。我们不禁要问，这背后发生了什么？日本通关生化危机的策略究竟是什么？

4. 欲治僵尸，先治银行

僵尸企业之所以能一直生存，关键还是背后有人在持续为它提供资金。多数情况下，这个人就是银行。因此，要解决僵尸企业问题，就必须阻止银行继续为日本企业提供资金，切断僵尸企业产生的源头。要消除银行为僵尸企业提供资金的动机，关键在于消除银行对不良贷款的担忧。应对不良贷款主要有两种思路，一是银行靠盈利逐渐化解不良贷款，二是银行把不良贷款卖给其他人。第一种思路更加市场化，但需要的时间往往比较长。特别是在僵尸企业遍及各地、经济活力下降的情况下，银行的盈利水平也会下降，而不良贷款规模却会上升，此时第一种方法行不通。

实践中，主要选择第二种方法，即银行把不良资产卖给第三方，由第三方负责处理不良资产。面对僵尸企业带来的不良资产，日本当年就是采取这种方法帮助银行摆脱不良资产。但这种方法会让银行立即遭受损失，因此为避免对银行冲击过大，需要有人为银行注资，这个注资人就是政府。至此，我们已经找到消除银行动机的方法了：卖掉不良资产，再由政府注资支持银行经营。加上产业再生机构运营经费，日本政府为解决不良债权问题所投入的公共资金总额达到 80 万亿日元。

不仅如此，还要搞清楚银行用何种方法掩盖了不良贷款。银行的每一笔贷款都是银行的资产，这些资产的价值决定了银行的贷款是否合理。如果银行要给僵尸企业持续提供贷款，那就要提高这些贷款对应的投资项目的质量。这种现象普遍出现于 20 世纪 90 年代的日本。因此，解决银行为僵尸企业输血的途径就是要让不良贷款显性化，也就是对不良贷款的价值进行重估。

日本当年采取的重估方法是现金流贴现方法。简单来说，就是把一个项目在未来时期内可能产生的所有收益，根据一定的比率折算成当前的价值。这个比率叫做贴现率。比如，如果一个项目一年之后可以产生 103 元的收益，那么在贴现率为 3% 的情况下，一年后的 103 元就相当于现在的 100 元。不难发现，贴现率是用现金流贴现方法进行资产重估的关键因素，贴现率越低，收益的现值就越高。为了保证资产重估能够有效进行，日本专门制定了一个统一的计算现金流的指导大纲，并把它写入金融厅的检查指导手册。

5. 企业的自我救赎

在解决银行输血的问题之后，是不是等着僵尸企业自生自灭就可以了？这些僵尸企业可不会坐以待毙。Fukuda 和 Nakamura（2011）用改进后的 CHK 方法计算了日本的僵尸企业数量，发现到 2004 年日本僵尸企业占比从 2001 年的 30％以上下降到不到 10％。但是，让他们惊讶的是，只有少数僵尸企业倒闭，多数僵尸企业反而恢复了正常状态。按理说，只有这些僵尸企业真正倒闭出局，经济才有可能恢复正常。而且，僵尸企业如果真的没有社会价值，那它们注定是要倒闭的。通过进一步的研究，Nakamura 和 Fukuda（2014）发现那些以壮士断腕式的决心采取自救手段的企业，更有可能恢复正常。

企业自救主要指实质性的企业重组。在日本，企业重组有三大法宝：裁员，卖厂，减分红。其中，裁员就是减少员工人数，卖厂就是出售固定资产，减分红就是减少高层管理人员的分红。事实表明，减少员工人数和出售固定资产确实有助于企业恢复正常。一个奇特的现象是，僵尸企业往往比正常企业更愿意增加员工数量（Tanaka，2006），个别僵尸企业甚至更愿意投资（Fukao et al.，2006；Imai，2014）。这些增加的员工和投资对企业来说都是多余的投入，严重影响了企业效率的提高。抛弃这部分多余的人员和设备投入，无疑对企业效率的提升有较大帮助。除此之外，研究还发现，提高劳动生产率并不会显著增加企业恢复正常的机会。因此，总的来说，减少成本（cost cutting）比鼓励创新（innovation effort）更有助于僵尸企业恢复正常。

但是，减少高层管理人员的分红对僵尸企业的恢复却有负面影响。这一结果是意料之外、情理之中的。要知道，做出重组决策的是企业的高层人员，一旦重组会触及自身的利益，那么管理层受到的就是负向激励。反正僵尸企业一时半会儿也死不了，为什么要牺牲自己的分红呢？

除了实施重组之外，债权人对僵尸企业的债务减记，企业财务透明度的增加以及有利的宏观经济环境也对僵尸企业恢复正常有重要影响。2002—2004 年间，日本僵尸企业大量减少，这段时间正值全球经济环境回暖，外部环境好转对僵尸企业的恢复具有重要的积极影响。由此看来，日本僵尸企业恢复正常的过程，实在是天时地利人和。

6. 政府的角色

明确了银行和企业要做的事，最后说一下政府的角色。根据前面的内容我们可以首先确定政府要做的头两件事情：注资和监管。所谓注资，就是在银行剥离不良资产之后，为这些银行注入一定规模的资本金。政府给银行注资主要有两层用意，一是避免损失过大造成大范围的银行倒闭，从而导致整个银行体系出现问题。二是避免银行因为资本金减少开始减少贷款，进而引发信贷萎缩。除了为银行注资，政府也可以通过设立专项基金的方式为特定企业注资。为了解决僵尸企业问题，日本成立了产业再生机构，给重组企业提供一定的资金支持，帮助企业应对重组造成的新困难。

政府注资不能简单地理解为在替别人的错误埋单。很多情况下，政府为应对危机花费的资金并没有那么多，在有些项目上政府的注资甚至是赚钱的。根据 Koo 和 Sasaki（2011）的估计，1998—2004 年间日本政府用于应对衰退所付出的成本大约为 11.5 万亿日元，这一数额约为 2008 年日本 GDP 的 2.32%，比欧盟委员会估计的 70 万亿日元和 IMF 估计的 21.8 万亿日元都要小得多。

但是，政府注资也会引发新的问题。其一，政府注资有可能带来道德风险。既然不管是谁惹的祸，政府都会出来收拾烂摊子，那么银行为什么还要小心经营呢？银行要做的唯一事情，就是把自己做成巨无霸，大到政府不敢让自己倒闭，就彻底安全了。其二，可能催生一批僵尸银行。当这些银行完全依靠政府才能生存，政府又不敢让它们倒闭的时候，僵尸企业问题就进化成僵尸银行问题。Calderon 和 Schaeck（2011）的研究发现，危机期间，政府的干预次数越多，出现僵尸银行的机会也就越大。

因此，为了配合注资，政府还要同时加强金融监管，减少注资可能带来的负面效应。具体到日本的经验，此前提到的统一再贴现率计算框架就是日本加强银行监管的一个例子。除此之外，日本还规定，对于大幅偏离健全化计划的银行，政府有权要求该银行进行业务整改。如果同一家银行连续两到三次接到业务整改的命令，银行领导就会被问责。事后来看，这些措施确实有效提高了银行的经营效率，减少了银行对僵尸企业的贷款。

除了注资和加强监管，政府还有一项重要任务，甚至是最重要的任务，即保障社会稳定。如前所述，僵尸企业要想恢复正常，裁撤冗余员工是绕不开的环节。为了保障社会稳定，日本政府出台了一系列旨在保障失业员工生活，促进再就业的措施。日本劳动省为此延长了对离职员工的雇佣保险支付期限，并加强相关职业培训、岗位介绍等信息服务。对于部分受冲击较大的地区，中央政府选择优先安排公共设施建设，并明确规定 40％以上的用工要从离职员工中招聘。

（三）启示

日本在应对僵尸企业的问题上经验和教训一样丰富。不难看出，21 世纪初美国对传统航空公司的扶持，简直可以算是日本扶持住专公司的翻版。危难当前，暂时性输血可能是必要的，但光靠输血绝不可能解决问题，必须要推进企业乃至行业性的结构调整。

从资金来源看，直接为僵尸企业提供融资的是银行，政府更多是作为幕后推手。因此，处置僵尸企业的第一步就是要切断持续性输血的渠道。这就要求监管部门要加强对贷款合规性的审核力度，同时对贷款价值进行重估，尽快找出与僵尸企业有关的贷款，然后停止输血。哪怕需要暂时性的资金支持，也要保证输血资金的公开化。

无论是切断输血还是暂时维持一段输血，都只是必要条件，企业积极自救才是走出困境的核心。这种自救可能是主动的，但多数时候要靠外在的压力，压力的来源则是资金提供方。企业自救应围绕降低企业的运营成本和债务负担进行，以提高企业经营的可持续性，其主要措施就是裁员和出售固定资产。

对于政府来说，应该加强对金融部门的监管，防止过多的信贷资源继续流向僵尸企业。与此同时，要重点应对处置僵尸企业过程中出现的失业问题。扶持就业的政策要以保障社会稳定为最终目的，避免用保岗位的方式保就业，要通过创造新岗位、支持再就业的方式，实现失业人员向新岗位的平稳过渡。

第二章
中国有多少僵尸企业？

一、僵尸企业的识别方法简述

2015 年底至今，中央连续发出征讨僵尸企业的檄文，要求"让僵尸企业入土为安"。僵尸企业已经挡住了中国经济转型之路，必须尽快妥善处置僵尸企业。然而，要解决中国的僵尸企业问题，首先要弄清楚一个关键事实，即中国到底有多少僵尸企业。

早期对僵尸企业的研究比较粗糙。这些研究并没有从识别僵尸企业出发，直接测度僵尸企业的数量，而是从一些反常现象去推断僵尸企业的存在。例如，Sekine，Kobayashi 和 Saita（2003）的研究发现，在 20 世纪 90 年代的日本，银行贷款更多地流向了那些资产负债率已经很高的公司，特别是建筑业和房地产业公司。Peek 和 Rosengren（2005）对同一时期的日本公司进行了研究，也发现了类似的现象：1993—1999 年，经营效益越差的日本企业，拿到的银行贷款反而越多。

Caballero，Hoshi 和 Kashyap（2008）最早给出了直接识别僵尸企业的方法，学术界称为"CHK 方法"。这种方法主要分为两步。第一步，计算出最低利息，这个利息是所有企业根据在现有条件下可能享受到的最优利率而支付的最低利息。具体计算公式如下：

$$R^* = r_s \cdot B_s + r_L \cdot B_L + r_b \cdot Bond \qquad (2\text{—}1)$$

R^* 的含义是，在最优惠的条件下，一个企业需要支付的最低利息。企业融资，可以借短期贷款，可以借长期贷款，也可以发行债券。r_s 和 r_L 分别表示一定时期内最优惠的短期利率和长期利率，这个优惠利率就是银行给那些信誉最高的企业的贷款利率，r_b 是企业发行债券要支付的利率，可以用近五年来可观测到的同类企业发债的最低利率来表示。B_s，B_L 和 $Bond$ 分别表示短期贷款规模、长期贷款规模和企业发行的债券规模。最好的企业能够享受最优惠的利率水平，因此支付的利息也是最低的。

第二步，将最低利息与企业实际支付的利息进行对比，那些实际支付利息比最低利息还低的企业就有可能是僵尸企业。Caballero，Hoshi 和 Kashyap（2008）的研究发现，1991 年日本房地产泡沫破裂之后，僵尸企业的占比快速上升，1996 年最高时占比接近 35％。不仅如此，这些僵尸企业在生产率方面显著低于其他企业，而且僵尸企业占比越高的行业，生产率就越低，产能过剩也越严重。

虽然 CHK 方法给出了识别僵尸企业的直接标准，Hoshi（2006）[1] 指出，CHK 方法至少存在两个问题。其一，有些特别优秀的企业享受的贷款利率可能更低，因此可能会把正常企业识别成僵尸企业。其二，银行补贴僵尸企业的方法不仅限于提供更低的利率，放宽审查、借旧还新等方式都可以帮助僵尸企业活下去。如此

---

① Caballero，Hoshi 和 Kashyap 等人的研究最初于 2005 年 10 月公开发布。

一来，僵尸企业就可能被当成正常企业处理。

针对上述问题，后来的学者对 CHK 方法进行了修正。比较具有代表性的是 Tanaka（2006）以及 Fukuda 和 Nakamura（2011）的研究。Tanaka（2006）首先应用 CHK 方法识别出僵尸企业，然后将满足如下三个标准中的任意一条的公司剔除。这三个标准分别是：当年分红高于上一年，公司债券的发行期限高于 11 年，以及总资本占总资产的比重超过 40％。Tanaka（2006）的修正在部分程度上弥补了 CHK 方法的不足，但是引入上述标准的逻辑比较薄弱，公司债券的发行期限数据也比较难以获得，因此没能得到广泛应用。

相对于 Tanaka（2006）的研究，Fukuda 和 Nakamura（2011）的修正思路更为明确，可操作性也更强。Fukuda 和 Nakamura（2011）通过引入"盈利标准"和"持续信贷标准"来修正上述问题。

"盈利标准"用来修正第一个问题，具体表述为："满足 CHK 标准的僵尸企业在缴纳利息和税收之前的营业收益，如果高于计算出的最低利息水平，则被视为正常企业并踢出样本"。一般来说，任何一个优质的企业在缴纳利息和税收之前的营业收益应该高于计算出的最低利息水平。如果连这一点都达不到，那么这个企业在实质上就是亏损的，只不过是银行给了它更低的贷款利息而已。

"持续信贷标准"用来修正第二个问题，表述为："公司如满足三个条件——上一年的债务与总资产的比重超过 50％，今年的外部贷款有所增加，以及今年的息税前收益少于计算出的最低利息——则被视为僵尸企业加入样本"。这个方法的逻辑是：对于一个企业来说，如果上一年债务与总资产的比重超过 50％，那就说明这个企业的债务水平已经相当高。在这种情况下，如果企业能够保持盈利，也就是净利润为正，那么继续增加外部贷款也算说得过去。反过来说，一个本来负债水平就较高的企业，在亏损的情况下反而还在不断增加贷款，显然这个企业很不正常。因此，该企业就极有可能是僵尸企业。Fukuda 和 Nakamura（2011）的研究表明，经过修正的 CHK 方法测出来的僵尸企业占比与不良贷款率走势高度吻合，表明修正后的 CHK 标准准确性更高。

但是，经过 Fukuda 和 Nakamura（2011）修正后的 CHK 方法也有一定缺陷，主要表现为没有考虑时间因素。如果一家正常企业只是经历了暂时性的困难，它也有可能被识别成僵尸企业；相反，如果某个僵尸企业借助政府补助等其他非常规手段取得了良好表现，就有可能成为漏网之鱼。为了解决上述问题，Imai（2014）对 Fukuda 和 Nakamura（2011）给出的盈利标准进行修正。Imai（2014）用企业在一定时期内的平均息税前净利润，减去同一时期内的平均最优利息水平，作为改进后的盈利标准。当年份期限为一年时，该标准就成为最初的盈利标准。Imai（2014）分别取 1～9 年作为样本时期，测度日本僵尸企业的数量。研究发现，当时期为 3 年及 3 年以上时，测度出来的僵尸企业数量基本保持稳定。

除此之外，国内还存在另外两种识别僵尸企业的方法。第一种方法是由国务院提出的，即不符合国家能耗、环保、质量、安全等标准，持续亏损三年以上且不符合结构调整方向的企业。满足这些条件的企业就可以被认为是僵尸企业，国务院要求对这些企业实行关停并转或剥离重组。相比于此前的表述，此次国务院给出的识别方法已经相当明确，可操作性也更强，但同时也存在值得商榷的地方。例如，如果以"持续亏损三年"为标准，那么上市公司中不可能存在僵尸企业，因为持续亏损三年的上市公司必须退市。但事实上，某些处于产能过剩行业的上市公司很有可能是僵尸企业。此外，能耗、环保等标准都有很强的弹性，可操作性远不如财务指标，而且贸然制定相关标准，还有可能出现"管制俘获"现象。

第二种方法由武汉科技大学董登新提出，此处称为"实际利润法"，具体表述是"扣除非经常损益后，每股收益连续三年为负数的企业"。应该说，这种方法是对第一种标准的改进。政府补贴、税费返还等费用都会计入企业的非经常损益，也就是在正常的经营活动之外，具有偶然性的收入。显然，这种扣除非经常损益后的每股收益更能反映企业的实际经营状况。但是，第二种标准没有考虑到银行在僵尸企业形成过程中所起的作用。从国际经验来看，银行才是造成僵尸企业问题的根源，也是僵尸企业最核心的盟友。

二、方法和数据说明

（一）方法说明

在充分借鉴现有文献研究的基础上，我们构建了四种单条件识别方法。CHK 方法 I 和 CHK 方法 II 从僵尸企业的成因出发，强调了银行和政府的作用；实际利润法 I 和实际利润法 II 从僵尸企业的表现出发，强调了企业实际的经营状况。值得注意的是，单条件识别方法囿于信息的局限，误差较大，且容易系统性高估僵尸企业的数量。

因此，我们在此基础上又提出了三个多条件识别方法，以实现有效信息的整合。过度借贷法同时考虑了僵尸企业的特征表现和行为，即高负债、实际亏损和增加借款；连续亏损法考虑了时间因素，从而排除短期性因素对企业的影响；综合性方法同时考虑了僵尸企业的成因和后果，即获得补贴和实际亏损。七种识别方法的基本内容见表 2-1。在接下来的应用过程中，我们会对每种方法进行更加详细的介绍。

表2-1　　　　　　　　七种僵尸企业识别方法的详细说明

	方法	思路	计算公式	识别规则
单条件识别方法	CHK方法I	计算企业来自银行的补贴	(最低利息支付－实际支付)/借款总额	大于0
	CHK方法II	计算企业来自银行和政府的补贴	(最低利息支付－实际支付＋政府补贴＋税收返还、减免)/借款总额	大于0
	实际利润法I	计算正常经营获得的净利润	净利润－非经常性损益	小于0
	实际利润法II	计算政府补贴前的净利润	净利润－政府补贴－税收返还、减免	小于0
多条件识别方法	过度借贷法	找出资产负债率较高、实际经营处于亏损状态，但是外部融资规模却较上年有所增加的企业	1. 当年资产负债率在前30%	同时满足3个条件
			2. 当年的外部融资规模大于上一财年	
			3. 当年用实际利润法I计算出的净利润小于0	
	连续亏损法	排除因临时困难导致实际亏损的企业	无	连续3年满足实际利润法I小于0
	综合性方法	找出实际亏损，又能获得银行补贴的企业	无	同时满足实际利润法I小于0和CHK方法II大于0

（二）数据来源及处理

本章用到的所有上市公司财务数据均来自 Wind 金融数据库，时间跨度为 2007—2015 年，样本为当年之前上市的非金融企业上市公司。举例来说，2014 年的全部上市公司样本中，要剔除全部金融类上市公司和 2014 年新上市的公司。经处理后，2007—2015 年上市公司的总样本数量分别是：1 354、1 469、1 545、1 642、1 985、2 263、2 417、2 419、2 539。

可直接获得的财务数据包括利息支出、净利润、非经常损益、政府补贴、税收返还和减免、资产负债率。当期借款总额为长期借款、短期借款和应付债券之和。当期外部融资规模等于筹资活动现金流入减去吸收投资收到的现金。我们参照魏志华等人（2012）的研究，用财务费用中的利息支出作为上市公司的实际支付。

本章涉及的最复杂的数据来自最低利息支付水平的计算。其中，最优短期利率和最优长期利率用时间加权后的贷款基准利率衡量。在确定最优惠的债券发行利率时，我们参考 Caballero，Hoshi 和 Kashyap（2008）的方法，用可观察到的最低公司债发行利率作为最优惠的利率水平，即同期 AAA 级公司债的发行利率。

三、中国的僵尸企业数量

（一）CHK 方法 I 和 CHK 方法 II

CHK 方法的核心思路是利用最优惠利率水平来计算一家企业获得的来自银行的补贴。在应用 CHK 方法时，如何确定最优惠利率水平是关键。计算最优惠利率水平有三个关键的利率参数：短期最优贷款利率、长期最优贷款利率和最优的债券发行利率。虽然在2013年就已经放开对贷款基准利率下限的限制，但在实践中，银行对企业的最优贷款利率往往就是基准利率。在极少数情况下，银行才会给企业以基准利率90%的优惠。因此，本书采用贷款基准利率衡量最优贷款利率，然后用存续时间作为权重算出加权最优惠贷款利率，并以此作为当年的最优惠利率。[①] 具体公式如下：

$$SPR = \sum_i T_i \cdot SBR_i \qquad (2—2)$$

$$LPR = \sum_i T_i \cdot LBR_i \qquad (2—3)$$

式中，SPR 和 LPR 分别表示短期最优惠贷款利率和长期最优惠贷款利率，SBR_i 和 LBR_i 分别表示当年第 i 个短期基准贷款利率和长期基准贷款利率，T_i 表示第 i 个基准贷款利率存续时间占当年总时间的比重。

在确定最优惠的债券发行利率时，本书参考 Caballero，Hoshi 和 Kashyap（2008）的方法，用可观察到的最低公司债发行利率作为最优惠的利率水平，该数据来自 Wind 金融数据库。表 2-2 给出了计算最优惠利率水平涉及的利率参数值。

表 2-2   2007—2015 年最优惠短期利率、长期利率和公司债利率

时间	短期利率（%）	长期利率（%）	公司债利率（%）
2007	5.96	6.67	5.67
2008	6.36	7.21	5.67
2009	4.86	5.31	4.70
2010	4.90	5.35	4.39

---

① 虽然在 2013 年就已经放开对贷款基准利率下限的限制，但在实践中，银行对企业的最优贷款利率往往就是基准利率。为了验证结论的稳健性，我们还尝试用贷款利率的 90% 作为最优利率的测度，从结果来看，没有影响基本结论。

续前表

时间	短期利率（%）	长期利率（%）	公司债利率（%）
2011	5.83	6.29	5.24
2012	5.87	6.31	4.82
2013	5.60	6.00	4.94
2014	5.60	5.60	5.88
2015	4.78	4.78	4.28

资料来源：Wind 数据库。

在确定各项利率参数之后，我们给出企业享受到的银行补贴 s_1 的计算公式：

$$s_1 = \frac{r_s \cdot B_s + r_L \cdot B_L + r_b \cdot Bond - R}{B_s + B_L + Bond} \tag{2—4}$$

式中，s_1 表示企业享受的补贴水平，r_s，r_L，r_b 分别表示最优短期利率、长期利率和公司债利率。B_s，B_L，$Bond$ 和 R 分别表示上市公司当年的短期借款、长期借款、应付债券和实际利息支出。[①] 这种方法计算出来的补贴水平 s_1 就是 CHK 方法 I。当 s_1 大于 0 时，说明该上市公司有可能就是僵尸企业。

CHK 方法 I 衡量了企业享受的来自银行的补贴水平，但是没有考虑到政府的角色。在中国，基于对税收和就业的考虑，地方政府经常是造成僵尸企业的关键因素。因此，在应用 CHK 方法 I 时，有必要考虑地方政府所扮演的角色。地方政府会通过资金注入、税收返免等方式扶持当地企业，这相当于当地企业享受到的补贴。同时，这种补贴也可以作为利息支付给银行或其他金融机构。这样一来，就相当于企业享受到了更多的利息补贴。对公式（2—4）进行修正，得到：

---

① 魏志华等人（2012）利用财务费用中的利息支出来计算上市公司的贷款成本。这种用法最初来自 Pittman 和 Fortin（2004）。

$$s_2 = \frac{r_s \cdot B_s + r_L \cdot B_L + r_b \cdot Bond - (R - GS - TRDE)}{B_s + B_L + Bond}$$

(2—5)

公式（2—5）在公式（2—4）的基础上，引入了政府补贴（GS）和税收返免（TRDE）。用企业的利息支出减去政府补贴和税收返免，才是企业实际支付的利息。在此基础上，用最优利息支出减去企业实际支付的利息，就可以衡量企业享受的来自银行和政府部门的补贴水平s_2。这就是CHK方法Ⅱ。显然，CHK方法Ⅱ比CHK方法Ⅰ更为全面，满足条件"s_2大于0"的企业也就会更多。

图2-1和图2-2分别代表的是用CHK方法Ⅰ和CHK方法Ⅱ测度出的中国上市公司中僵尸企业数量和占比。首先来看CHK方法Ⅰ的测度结果。CHK方法Ⅰ测度出的僵尸企业数量在2007—2009年不断减少，由419家减少至347家，占比从30.9%下降到22.5%。随后，僵尸企业数量开始逐年攀升，于2013年达到峰值844家，占当年全部上市公司样本总数的34.9%。如果从占比的角度来看，早在2011年，CHK方法Ⅰ测度出的僵尸企业占比就已经达到峰值，占当年全部上市公司样本总数的39.4%，随后则开始逐年递减。2013年至今，CHK方法Ⅰ测度的僵尸企业数量和占比均在逐年下降。截至2015年，CHK方法Ⅰ测度出的中国上市公司中的僵尸企业数量为691家，占比为27.2%。

从趋势上来看，CHK方法Ⅱ的测度结果与CHK方法Ⅰ基本一致，但CHK方法Ⅱ测度出的僵尸企业数量要显著高于CHK方法Ⅰ，且差距有逐年扩大的趋势。从数量上看，CHK方法Ⅱ的测度结果大致可以分为三个阶段。第一个阶段是2007—2009年，这一时期僵尸企业的数量基本保持稳定。第二个阶段是2009—2013年，这一时期僵尸企业的数量快速增加，从2009年的542家增加到2013年的1 428家，四年内增幅达163%。第三个阶段是2013—2015年，这三年内僵尸企业的数量基本保持稳定。从占比来看，中国上市公司中僵尸企业的占比在2010年突然增加，从2009年的

35.1％增加到 2010 年的 57.6％，增加了 22.5 个百分点。此后，僵尸企业占比呈现出稳中有降的态势。截至 2015 年，CHK 方法Ⅱ测度出的中国上市公司中的僵尸企业数量为 1 360 家，占比为 53.6％。

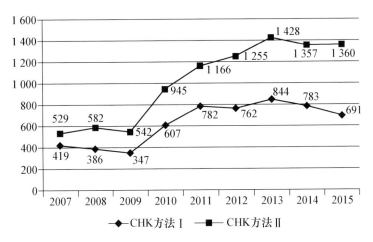

图 2-1 CHK 方法Ⅰ和 CHK 方法Ⅱ测度出的僵尸企业数量

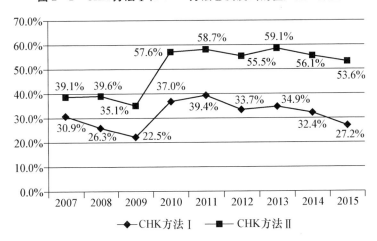

图 2-2 CHK 方法Ⅰ和 CHK 方法Ⅱ测度出的僵尸企业占比

从结果来看，应用CHK方法Ⅰ和CHK方法Ⅱ测度出来的僵尸企业数量和占比都相当高。应该说，无论是27.2%还是53.6%，都显然高估了上市公司中僵尸企业的规模。但是，这并不意味着CHK方法Ⅰ和CHK方法Ⅱ失效。一方面，我们选取的样本是上市公司，这些公司的各项资质都比较好，本就应该比普通公司以更优惠的利率条件拿到贷款。另一方面，中国现行的会计准则并没有区分公司向不同主体的借款。在实践中，上市公司可以从多个主体获得资金并形成负债，银行只是其中之一，因此如何准确估计上市公司支付的银行贷款利息在学术界一直是难题。因此，我们构造出了一个多条件识别方法，即综合性方法，将CHK方法与实际利润法相结合，以提高识别僵尸企业的准确程度。

（二）实际利润法Ⅰ和实际利润法Ⅱ

实际利润法的核心思路是结合财务数据，发现企业经营的真实情况。在财务报表中，有一项叫做非经常性损益。简单来说，非经常性损益就是与公司正常经营没有直接联系的收入或者支出，而且是偶然发生的。这就好比上班路上捡了100块钱，虽然收入增加了，但是不能当作工资。证监会曾经专门发文，要求注册会计师在审计的时候，要重点关注非经常性损益，因为很容易用该项目来掩盖公司实际经营不良的情况。

既然是僵尸企业，公司经营一定已经存在比较大的问题，但是问题又没有那么明显。因此，从净利润中减去非经常性损益就能得到公司靠正常经营所取得的净利润。如果计算出的实际净利润是负的，就有理由认为该企业具备僵尸企业的必要条件。这种方法就叫做实际利润法Ⅰ，计算公式为：

$$RNP_1 = NP - NRGL \qquad (2\text{—}6)$$

式中，RNP_1 代表用实际利润法Ⅰ测度出的实际净利润（real net profit Ⅰ），NP 代表净利润（net profit），$NRGL$ 代表非经常性损益（non-recurring gains and loses）。

但是，实际利润法Ⅰ没有涉及僵尸企业存在的本质，即银行或地方政府的支持。在非经常性损益项目中，包含"政府补助"和"税收返还、减免"两个子项目。这两个项目与政府直接有关，可以很好地反映出政府对企业的扶持力度。如果公司的净利润本来为正，但在扣除政府补助和税收返免之后变为负数，那就更有理由相信这家公司就是传说中的僵尸企业。这种方法就叫做实际利润法Ⅱ，计算公式为：

$$RNP_2 = NP - GS - TRDE \qquad (2\text{—}7)$$

式中，RNP_2 代表用实际利润法Ⅱ测度出的实际净利润（real net profit Ⅱ），NP 代表净利润（net profit），GS 代表政府补助（government subsidy），$TRDE$ 代表政府的税费减免、返还规模（tax return，deduction and exemption）。

图 2-3 和图 2-4 分别代表用两种实际利润法测度出的僵尸企业数量和占比。如图所示，首先，从数量上来看，实际利润法Ⅰ测度出来的数量显著大于实际利润法Ⅱ，这是因为实际利润法Ⅱ只考虑了政府的补助，识别条件更为严格。其次，虽然在数量上有差距，但两者呈现出了完全相同的趋势。

具体来说，2008 年中国上市公司中僵尸企业的数量突然增加。其中，实际利润法Ⅰ测度出的僵尸企业增加了 119 家，达到 417 家，占比增加了 6.4 个百分点，达到 28.4%；实际利润法Ⅱ测度出的僵尸企业数量则增加了 172 家，达到 312 家，占比增加了 10.9 个百分点，达到 21.2%。考虑到实际利润法Ⅱ重点强调了政府的作用，上述变化暗示着 2008 年政府对僵尸企业的救助力度显著增加。

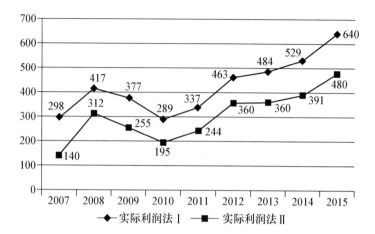

图 2-3　实际利润法 I 和实际利润法 II 测度出的僵尸企业数量

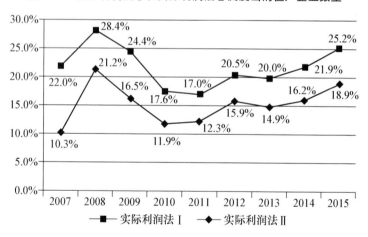

图 2-4　实际利润法 I 和实际利润法 II 测度出的僵尸企业占比

此后，中国上市公司中僵尸企业的数量连续两年出现下降，由 2008 年的 417 家和 312 家下降至 2010 年的 289 家和 195 家。2011 年后，上市公司中僵尸企业的数量又开始呈现出逐年递增的趋势。2015 年，实际利润法 I 测度出 640 家僵尸企业，较 2010 年增加了 351 家，占比达 25.2%，较 2010 年增加了 7.6%；实际利润法 II

测度出 480 家僵尸企业，较 2010 年增加了 285 家，占比为 18.9%，较 2010 年增加了 7%。

如果把寻找僵尸企业比作寻找犯罪嫌疑人的话，应用实际利润法时就要更加谨慎。就像不能仅凭有作案时间就给嫌疑人定罪一样，如果企业在某一年出现亏损，也只是成为僵尸企业的必要条件。但是，如果某家企业连续数年都出现了问题，那么我们就有充分的理由怀疑，这家企业就是僵尸企业。也正是出于这种考虑，我们给出了第一种识别僵尸企业的多条件方法，即连续亏损法。

（三）连续亏损法

顾名思义，连续亏损法就是把考察的时间拉长，找出连续数年实际亏损的企业。此处产生了一个问题，我们要选取多长时间才合适呢？时间过短，就不足以排除暂时性因素的干扰；时间过长，又可能把标准限定的过于严格。Imai（2014）的研究表明，在识别僵尸企业的时候，以三年为限是比较稳健的标准。巧合的是，国务院和董登新对僵尸企业的定义中都是以三年为标准。我们也以三年为限，看看有多少企业连续三年都处于实际亏损状态。对于这些企业，我们有理由怀疑它们就是僵尸企业。

此外，学术研究和国际经验均表明，能够连续支持僵尸企业的只有银行部门，政府对僵尸企业的直接帮助并不大。即使考虑到中国的现实，政府也很难长期持续地以各类财政补贴的方式支持僵尸企业。更有可能的情况是政府借助银行等第三方来支持僵尸企业。因此，我们选择用实际利润法Ⅰ作为连续亏损法的识别标准，而不选择局限于狭义的政府补贴的实际利润法Ⅱ。

图 2-5 和图 2-6 分别代表连续三年满足实际利润法Ⅰ的僵尸企业数量和占比。如图所示，僵尸企业的数量和占比都在 2012 年达到最低，此后开始逐渐上升，2014 年和 2015 年保持平稳。可以

说，用连续亏损法测度出来的僵尸企业呈现出显著的周期性特点，与中国经济的宏观周期高度一致。

图 2-5　连续亏损法测度出的僵尸企业数量

图 2-6　连续亏损法测度出的僵尸企业占比

　　2009 年，为应对全球金融危机的冲击，中国政府实施了大规模的政策刺激。国民经济快速反弹，中国上市公司的盈利水平得以恢复，僵尸企业数量开始连年下降。到了 2012 年，因政策刺激导致的宏观经济反弹基本结束，各项指标均已回到危机前的均值，经济下行压力再度增加。此时，中国企业的盈利压力开始增加，僵尸企业也开始增加。2015 年，中国宏观经济的下滑趋势开始缓解，各项指标开始表现出触底迹象，宏观经济进入筑底阶段，僵尸企业的规模因此开始趋于稳定。

（四）过度借贷法

过度借贷法的思想源自 Fukuda 和 Nakamura（2011），可以分解为三个条件。第一个条件是企业的负债率比较高，也就是企业的债务负担较重。第二个条件是企业无法正常盈利，也就是说企业处于实际亏损状态。第三个条件强调企业的行为，表现为企业的借款不断增加。过度借贷法的识别逻辑为：若某个企业目前正承担着较重的债务负担，且无法实现正常盈利，处于实际亏损状态，那么对于该企业来说，合理的选择应该是逐渐减少负债。但是，如果该企业在负债累累、无法盈利的情况下还在不断增加负债，这就是典型的僵尸企业的生存方式。

针对第一个条件，我们选择用所有样本公司资产负债率的30%分位数作为判断标准。这是因为判断一家企业的资产负债率是否过高时，往往难以找到固定的标准。此时，将排名前30%的企业作为候选对象是合理的考虑。从数据来看，这个标准在多数年份都大大超过50%。针对第二个条件，我们选择实际利润法Ⅰ进行测度。如前所述，非经常性损益会影响对企业实际经营情况的判断，仅用企业的净利润加以衡量有失偏颇。针对第三个条件，我们用当年借款总额减去上一年借款总额的差额来衡量。其中，借款总额用现金流量表中"筹资活动现金流入"减去"吸收投资收到的现金"加以衡量。

图 2-7 和图 2-8 分别代表用过度借贷法测度出的上市公司中的僵尸企业数量和占比。如图所示，过度借贷法测度出的僵尸企业数量和占比波动非常大。2007 年，中国上市公司中僵尸企业的数量非常少，仅为 5 家。到了 2008 年，上市公司中僵尸企

业的数量突然出现了大幅增加，从 5 家增加到 161 家，占比达到 11％。

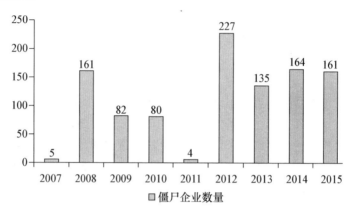

图 2-7　过度借债法测度出的僵尸企业数量

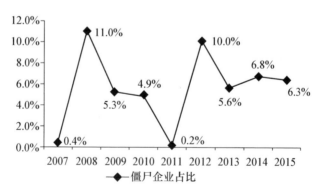

图 2-8　过度借债法测度出的僵尸企业占比

此后三年里，中国上市公司中僵尸企业的数量开始呈现下台阶式的减少，并在 2011 年达到了相当低的水平——4 家。然后，上市公司中僵尸企业的数量和占比在 2012 年又突然大幅增加，数量为 227 家，达到近 9 年来的最高水平。与此同时，僵尸企业的占比也上升为 10％。此后，中国上市公司中的僵尸企业数量和占比均有所减少，数量减少至 160 家左右，占比约为 6.5％。2015 年，过度借贷法测算出上市公司中的僵尸企业数量为 161 家，占比约 6.3％。

（五）综合性方法

第三种多条件识别方法叫做综合性方法。综合性方法就是要找到那些同时满足实际利润法Ⅰ和 CHK 方法Ⅱ的企业。从上文可知，CHK 方法Ⅱ识别出的僵尸企业数量和占比都是最多的，这在部分程度上是因为上市公司多为优质企业。因此，CHK 方法Ⅱ可以被认为是识别僵尸企业的必要条件之一。而实际利润法则可以从企业经营的角度提供新的证据，综合两者的信息显然能更好地识别出僵尸企业。综合性方法的逻辑很明确：企业明明处于实际亏损状态，却还能以优惠条件拿到银行的贷款，这正是典型的僵尸企业行为。此外，之所以没有选择实际利润法Ⅱ，是因为 CHK 方法Ⅱ和实际利润法Ⅱ都考虑到了政府的作用，同时使用两种方法容易造成信息重复，反而导致识别条件过于严格。

图 2-9 和图 2-10 分别代表的是综合性方法测度的僵尸企业数量和占比。如图所示，2007—2012 年，用综合性方法测度出的僵尸企业数量和占比基本呈现出稳步增长态势。2007 年，用综合性方法测度出上市公司中的僵尸企业数量为 61 家，占比仅为4.5％。2008 年，僵尸企业的数量突然增加到 105 家，增幅超过70％，在上市公司中的占比也增加到 7.1％，比 2007 年增加了近 3个百分点。此后，2009 年僵尸企业的数量略有下降，但随后开始增加，并且在 2012 年出现一次大幅跳升。2012 年，中国上市公司中僵尸企业的数量较 2011 年增加了 101 家，数量增加了三分之二，占比更是达到了 11.1％的历史性高点。此后，2012—2015 年间，上市公司中僵尸企业的数量和规模开始保持稳定，数量保持在 250家左右，占比稳定在 10％上下。截至 2015 年，中国上市公司中僵

尸企业的数量为274家，占比约10.8%。表2-3和表2-4分别给出了2007—2015年七种识别方法下的僵尸企业数量和占比。

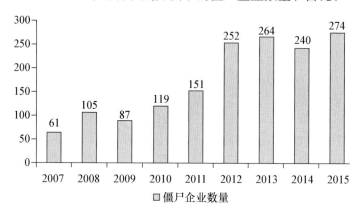

图2-9　综合性方法测度出的僵尸企业数量

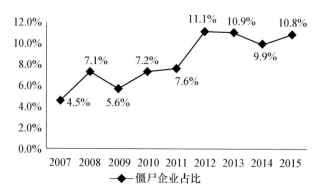

图2-10　综合性方法测度出的僵尸企业占比

表2-3　　　2007—2015年七种识别方法下的僵尸企业数量

时间	CHK 方法Ⅰ	CHK 方法Ⅱ	实际 利润法Ⅰ	实际 利润法Ⅱ	过度 借贷法	综合性 方法	连续 亏损法
2007	419	529	298	140	5	61	NA
2008	386	582	417	312	161	105	NA
2009	347	542	377	255	82	87	171

续前表

时间	CHK 方法 I	CHK 方法 II	实际 利润法 I	实际 利润法 II	过度 借贷法	综合性 方法	连续 亏损法
2010	607	945	289	195	80	119	177
2011	782	1 166	337	244	4	151	152
2012	762	1 255	463	360	227	252	142
2013	844	1 428	484	360	135	264	183
2014	783	1 357	529	391	164	240	252
2015	691	1 360	640	480	161	274	271

说明：NA 代表数据缺失。

表 2 - 4   2007—2015 年七种识别方法下的僵尸企业占比

时间	CHK 方法 I	CHK 方法 II	实际 利润法 I	实际 利润法 II	过度 借贷法	综合性 方法	连续 亏损法
2007	30.9%	39.1%	22.0%	10.3%	0.4%	4.5%	NA
2008	26.3%	39.6%	28.4%	21.2%	11.0%	7.1%	NA
2009	22.5%	35.1%	24.4%	16.5%	5.3%	5.6%	11.1%
2010	37.0%	57.6%	17.6%	11.9%	4.9%	7.2%	10.8%
2011	39.4%	58.7%	17.0%	12.3%	0.2%	7.6%	7.7%
2012	33.7%	55.5%	20.5%	15.9%	10.0%	11.1%	6.3%
2013	34.9%	59.1%	20.0%	14.9%	5.6%	10.9%	7.6%
2014	32.4%	56.1%	21.9%	16.2%	6.8%	9.9%	10.4%
2015	27.2%	53.6%	25.2%	18.9%	6.3%	10.8%	10.7%

说明：NA 代表数据缺失。

四、僵尸企业背后的三个故事

至此，我们应用四种单条件识别方法和三种多条件识别方法，对 2007—2015 年中国上市公司中的僵尸企业数量和占比进行了测度。从结果来看，不同的测度方法给出了不同的结果，但是我们可以从中找到几个典型事实。

（1）除 CHK 方法 I 和连续亏损法（时间受限）外，其余所有方法的测度结果都表明，中国僵尸企业的数量和占比在 2008 年有所增加，部分方法测度出的僵尸企业数量和占比的增幅相当大。

（2）除连续亏损法（时间受限）外，其余所有方法的测度结果都表明，2009 年当年中国僵尸企业数量和占比均有所下降，部分方法测度出的僵尸企业数量和占比的降幅相当大。

（3）所有方法都呈现出先降后升的趋势，但不同的测度方法给出的僵尸企业规模达到最低点的时间却有较大差异。例如，过度借贷法的最低点出现在 2011 年，而连续亏损法出现在 2012 年，CHK 方法则是 2009 年。

（4）同 2009 年相比，2015 年所有方法测度出的僵尸企业数量都有不同程度的增加。从占比来看，除连续亏损法外，上市公司中僵尸企业的占比均有不同程度增加。

如何解释上述现象？哪些因素才是决定中国僵尸企业的关键？接下来，我们要讲中国僵尸企业背后的几个故事。

（一）经济周期

所谓僵尸企业，指的是那些失去盈利能力，却能依靠外部力量帮助存活下来的企业。那么为什么这些企业会失去盈利能力呢？原因有很多。有时是因为企业遭到了重大变故，比如企业突然更换领导层，导致经营效率和盈利能力出现问题。有时是因为企业本身的激励机制有问题，员工缺乏激励，管理层忙着中饱私囊，企业自然没有活力。但是，这些原因的偶然性太强，无法解释中国在 2008 年突然出现了大规模的僵尸企业，也无法解释僵尸企业在之后几年的多次重大变动。事实上，只有经济周期才能在如此大的范围内对企业整体的盈利能力产生重要影响。这正是我们的第一个故事，经济周期。

2008 年 9 月 15 日，美国第四大投行雷曼兄弟申请破产保护，揭开了全球金融危机的序幕。雷曼兄弟的破产引发了全球金融市场的动荡，企业的信贷很快受到冲击，许多企业的正常短期融资面临巨大困难。美国电影《大而不倒》（*To Big To Fall*）中就有这么一个桥段，美国通用电气 CEO 给时任美国财政部长保尔森打电话，表示如果再不抓紧应对金融危机，通用电气将无法获得 3 个月的短期融资，企业就要倒闭。金融危机很快演化成了经济危机，实体经济受到了巨大冲击。

不到 3 个月的时间，这场危机正式传导至中国。金融危机导致中国外需骤降，出口规模急剧减少。2008 年 11 月，中国进出口总额同比增速为－9.17％，而 2008 年 10 月这一指标的同比增速为17.52％。2008 年 11 月出口金额同比增速为－18.14％，而 10 月的出口金额同比增速为 15.15％；2008 年 11 月进口金额同比增速为－2.22％，而 10 月的进口金额同比增速为 19.29％（见图 2 - 11至图 2 - 13）。

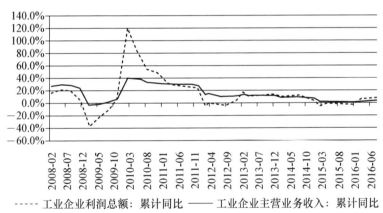

----- 工业企业利润总额：累计同比 —— 工业企业主营业务收入：累计同比

图 2 - 11 工业企业经营状况

资料来源：Wind 数据库。

紧接着，工业企业的经营和盈利状况出现迅速恶化。2008 年11 月，中国规模以上工业增加值同比增长 5.4％，比 9 月 11.4％的同比增速下降一半，比 2007 年同期下降了近 12 个百分点。当月，中国工业企业的利润总额同比仅增长 4.89％，远低于 8 月19.39％和 2007 年 11 月 36.68％的增速，到 2009 年 2 月更是进一步降为－37.27％。2008 年第四季度，中国 GDP 同比增长为 7.1％，仅为 2007 年同期的一半左右。

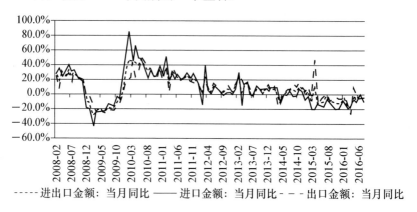

----- 进出口金额：当月同比 —— 进口金额：当月同比 - - - 出口金额：当月同比

图 2－12　2008 年至今中国进出口金额增速

资料来源：Wind 数据库。

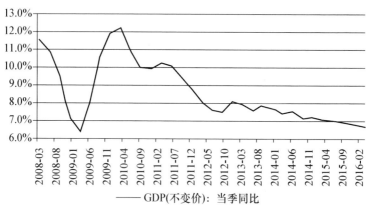

—— GDP(不变价)：当季同比

图 2－13　2008 年至今中国 GDP 同比增速

资料来源：Wind 数据库。

　　在这样的经济环境下，企业的盈利能力自然要受到影响。这也就不难理解为何 2008 年中国上市公司中的僵尸企业数量会突然增加。特别是实际利润法、过度借贷法和综合性方法这些考虑到盈利水平的识别方法，都发现僵尸企业的数量在 2008 年突然增加。

随后，为了应对国际金融危机的冲击，中国政府推出"4 万亿元"的一揽子刺激计划，同时配合超级宽松的信贷政策。凭借政策刺激，中国经济成功实现触底反弹，多项宏观指标很快触底回升。GDP 在 2009 年第一季度触底，之后快速回升，并于 2010 年达到 12.2%。规模以上工业增加值同比增速也在 2009 年 2 月重新回到 10% 以上。这也就解释了 2009 年当年中国僵尸企业数量下降的现象。

2010 年之后，中国经济增速再下台阶，开始呈现出波动下行态势。国际方面，2011 年发生的欧债危机再次对中国外需造成冲击。与此同时，中国的经济结构也在不断优化，产业转型升级不断取得新进展，新兴产业逐渐发展壮大。两方面的因素共同导致这一时期的经济周期表现复杂，规律性弱，很难独立决定僵尸企业的规模。

进入 2015 年之后，中国经济下行趋势明显减缓，进入筑底阶段。多数宏观经济指标已经结束前期的快速下降态势并逐步趋稳。部分指标甚至表现出回升态势，只不过整体来看回升力度略显不足。受宏观经济环境的影响，僵尸企业的数量也基本与上年持平。特别是三种多条件识别方法的测度结果表明，2014 年和 2015 年僵尸企业的数量并没有出现显著变化。

（二）货币政策

经济周期可以解释企业盈利能力出现问题，但僵尸之为僵尸，在于该死却未死。企业在丧失盈利能力后，不但没有倒闭，反而能够继续存活，这就值得关注了。从国际经验可以看出，僵尸企业能够存活，靠的就是银行的帮助。现实中，银行帮助僵尸企业的办法无非以下几种。一是降低贷款利率，让企业减少利息支出，这是 CHK 方法的识别逻辑。二是持续为企业提供贷款，哪怕企业已经没有盈利能力，这是过度借贷法的识别逻辑。三是降低利息的同时持续提供贷款,这是综合性方法的识别逻辑。但是,银行利用贷款帮助僵尸企业的能力并不是无限的,这种能力在很大程度上受央行货币政策的影响。这就是我们的第二个故事,货币政策。

2009 年的"4 万亿元"财政刺激政策让整个宏观经济快速触底反弹,但也埋下了通胀的隐患。消费者价格指数(CPI)从 2010 年初开始一路上扬,同比增速在 2010 年 11 月突破 5%。工业生产者价格指数(PPI)更是快速反弹至同比增速 7.1%的水平(见图 2-14)。

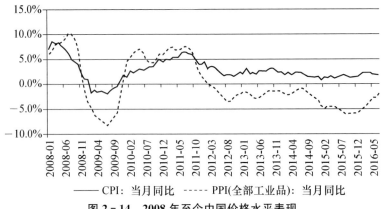

—— CPI:当月同比 ----- PPI(全部工业品):当月同比
图 2-14　2008 年至今中国价格水平表现
资料来源:Wind 数据库。

随着通胀压力越来越大,央行的政策目标开始转为控制通货膨胀,货币政策逐渐收紧。2010 年 10 月—2011 年 7 月,不到一年的时间里,中国央行先后五次上调基准利率,一年期贷款基准利率从 5.56%上调至 6.56%,增幅达 1 个百分点。受此影响,央行每个季度公布的金融机构人民币贷款加权平均利率则从 2010 年第三季度的 6.09%上升至 2011 年第三季度的 7.8%,增幅达 1.7 个百分点。与此同时,2011 年当年社会融资总规模为 12.83 万亿元,比 2010 年减少近 1 万亿元。M2 同比增速在 2010 年 12 月高达 19.7%,随后一路减少至 2011 年 11 月 12.7%的水平。不难看出,这一阶段货币政策的紧缩力度和速度都非常强。

　　到 2012 年年中，中国通胀水平逐渐回落至 3%，前一阶段紧缩的货币政策才有所松动。央行分别在 2012 年 6 月和 7 月两次降息，把短期贷款基准利率下调 0.5 个百分点至 5.6%（见表 2－5 和图 2－15）。同时，信贷政策也有所放开，2012 年全年社会融资规模再创新高，达到 15.76 万亿元，比 2011 年增加近 3 万亿元（见图 2－16 和图 2－17）。此后，货币政策继续保持稳健，直到 2014 年底才开始新一轮的降息周期。

表 2－5　　　　　　2008 年至今央行基准利率变动情况

调整时间	6 个月以内（%）	6 个月至 1 年（%）	1 年至 3 年（%）
2007－12－21	6.57	7.47	7.56
2008－09－16	6.21	7.20	7.29
2008－10－09	6.12	6.93	7.02
2008－10－30	6.03	6.66	6.75
2008－11－27	5.04	5.58	5.67
2008－12－23	4.86	5.31	5.40
2010－10－20	5.10	5.56	5.60
2010－12－26	5.35	5.81	5.85
2011－02－09	5.60	6.06	6.10
2011－04－06	5.85	6.31	6.40
2011－07－07	6.10	6.56	6.65
2012－06－08	5.85	6.31	6.40
2012－07－06	5.60	6.00	6.15
2014－11－22	5.60	5.60	6.00
2015－03－01	5.35	5.35	5.75
2015－05－11	5.10	5.10	5.50
2015－06－28	4.85	4.85	5.25
2015－08－26	4.60	4.60	5.00
2015－10－24	4.35	4.35	4.75

资料来源：Wind 数据库。

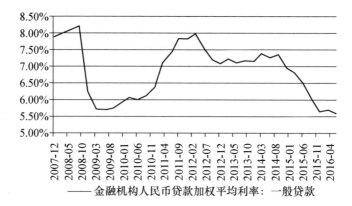

图 2 - 15 2008 年至今中国金融机构贷款利率水平

资料来源：Wind 数据库。

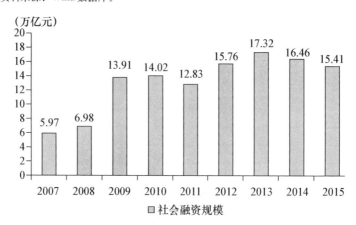

图 2 - 16 2007—2015 年中国社会融资规模

资料来源：Wind 数据库。

可以想象，越是在艰难的环境中（基准利率较高），银行对僵尸企业的"关怀"就越能体现出来。CHK 方法 I 主要关注银行对僵尸企业的利息优惠。根据 CHK 方法 I 的测度结果，2011 年上市公司中僵尸企业的数量为 782 家，比 2010 年的 607 家增加了 175

图 2-17　2008 年至今中国 M2 同比增速

资料来源：Wind 数据库。

家，一年内增长近 30％。到 2012 年，货币政策放宽之后，僵尸企业的数量反而略有下降。之所以出现这种情况，很有可能是因为银行已经不需要通过利率优惠给予僵尸企业支持，而是直接增加贷款。

　　另一方面，货币政策能够直接影响银行的信贷规模，进而影响到银行帮助僵尸企业的能力。从这个角度出发，过度借贷法在 2011 年和 2012 年间的大幅波动就能得到很好的解释。过度借贷法的三个条件中，要求企业当年的借款总额高于上一年度。可是在货币政策整体偏紧的环境下，这一情况是很难发生的。因此，2011 年过度借贷法测度出的上市公司中的僵尸企业仅有 4 家。到了 2012 年，由于货币政策走向宽松，企业获得贷款变得相对容易，于是僵尸企业的数量又增加至 227 家。

（三）政府的角色

　　最后一个故事要讲一下政府的角色。在分析不同识别方法下测度出的僵尸企业结果时，我们观察到了两个非常有趣的现象。

（1）CHK方法Ⅰ和CHK方法Ⅱ测度出的僵尸企业数量和占比之间的差距在逐年扩大。

如前所述，CHK方法Ⅰ和CHK方法Ⅱ的主要区别在于，CHK方法Ⅱ考虑了政府的作用。因此，CHK方法Ⅰ和CHK方法Ⅱ之间的差距主要反映了政府的力量，而这种差距逐年扩大的趋势，则可以理解为政府在造成僵尸企业问题中所扮演的角色越来越重要。到2015年，CHK方法Ⅱ比CHK方法Ⅰ多识别出了669家僵尸企业（见图2-18），而当年CHK方法Ⅰ仅仅识别出了691家僵尸企业。也就是说，从补贴的角度来看，得到政府的补贴而成为僵尸企业的数量几乎与得到银行补贴的僵尸企业数量一样多。

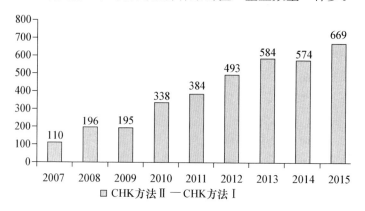

图2-18　2007—2015年CHK方法Ⅰ和CHK方法Ⅱ的差距

（2）2015年，CHK方法Ⅰ测度出的僵尸企业比2014年减少了92家，实际利润法Ⅱ测度出的僵尸企业比2014年增加了89家，与CHK方法Ⅰ的减少值几乎一致。与此同时，CHK方法Ⅱ测度出的僵尸企业却基本没有变动，仅比2014年增加了3家（见图2-19）。

按照前面对方法的描述，实际利润法Ⅱ只关注政府对企业的补贴，从而识别出失去政府补贴就会处于实际亏损状态的僵尸企业。而CHK方法Ⅰ则从利息的角度，只关注那些依靠银行贷款优惠才

能存活下来的僵尸企业。2014 年和 2015 年，两种方法识别出来的
僵尸企业数量出现了方向相反、数量相同的变化。这让我们不禁猜
想，是否存在部分僵尸企业，原来主要依靠银行的贷款优惠，2015
年开始改为依赖政府补贴了呢？于是，我们对这些出现变化的企业
进行二次识别，发现共有 34 家上市公司的僵尸企业更换了背后的
支持者。换句话说，这 34 家僵尸企业在 2014 年还在依靠银行的补
贴勉强生存，到 2015 年却转向了政府的怀抱，依靠政府的补贴苟
延残喘。这也再次印证了我们从第一个现象中得出的结论：近年
来，除了传统的银行部门外，政府部门已经逐渐成为僵尸企业的另
一个"坚定盟友"。

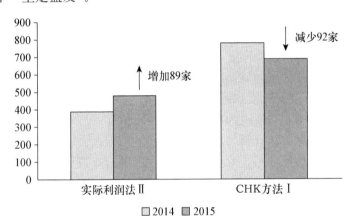

图 2 - 19　2014—2015 年僵尸企业在不同方法间的"转移"

第三章
中国僵尸企业的特征分析

　　要解决僵尸企业问题，只知道僵尸企业的总量远远不够，僵尸企业的分布特征更加重要。也就是说，我们要搞清楚哪些行业的僵尸企业最多，哪些地区的僵尸企业最多。除此之外，我们还想了解是不是如主流观点所说的那样，僵尸企业大多是国有企业？为了回答问题，本章将结合第二章的研究结论，对上市公司中僵尸企业的特征，包括行业分布、地区分布以及所有制分布进行研究。这里有两个地方需要说明一下。

　　其一，我们的分析时间限定在 2014 年和 2015 年两年。一方面，分析涉及三个维度，即时间、特征和识别方法，而我们只能同时选择其中两个维度来展示结论。因此，为了更好地呈现出我们的分析结论，我们选择牺牲时间维度，只给出僵尸企业的最新特征。另一方面，我们之所以没有只选取 2015 年的数据，而是同时选择了 2014 年和 2015 年这两年，既是为了保证研究结论能够反映最新情况，也是为了在一定程度上照顾到结论的稳定性。如果某些特征在 2014 年和 2015 年都存在，那么我们也就有理由认为这种特征是具有稳定性的。

　　其二，我们的分析主要基于三种多条件识别方法的测度结果。

上一章的研究发现，不同估算方式得到的结果有较大差异，结果所对应的行业分布也不尽相同。在这些方法中，多条件识别方法既能避免单一识别条件可能带来的信息遗漏问题，也能避免识别条件过于严格或宽松导致的样本漏选或误判。因此，多条件识别方法有更强的包容性和科学性，得到的估算结果也更具有参考价值。从结果来看，三种多条件识别方法，即连续亏损法、过度借贷法和综合性方法对僵尸企业数量的量级判断大致相同，即截至 2015 年，中国上市公司中有 6%～10% 的僵尸企业。

一、僵尸企业的行业大比拼

那么，这些上市公司中的僵尸企业究竟分布在哪些行业呢？此处，我们用证监会给出的大类行业标准作为行业划分依据，来考察僵尸企业的行业分布。

（一）过度借贷法下的僵尸企业行业分布

首先来看过度借贷法给出的僵尸企业的行业分布。过度借贷法强调僵尸企业的行为，即企业在负债累累、亏损严重的情况下继续借款，目的是拆东墙补西墙，借新还旧。图 3-1 是 2014 年僵尸企业占该行业全部上市公司的比例排名前 15 的行业。如图 3-1 所示，排名前 15 的行业僵尸企业占比均超过 2014 年僵尸企业的总样本占比，即 6.8%。从行业分布来看，黑色金属矿采选业，石油加工、炼焦和核燃料加工业，黑色金属冶炼和压延加工业，造纸和纸制品业，有色金属冶炼和压延加工业等产能过剩行业均在列，且行业占比非常高。部分行业，如畜牧业，渔业，木材加工和木、竹、藤、棕、草制品业之所以会排进前 15，主要因素是基数太小。这些行业的上市公司总数只有几家，一旦其中有一家僵尸企业，占比就会很高。纺织业、食品制造业和农副食品加工业作为最典型的劳动密集型产业赫然在列，佐证了保就业是造成僵尸企业的重要原因。此外，房地产行业的上市公司中，僵尸企业有 9 家，但由于整个房地产行业的上市公司共有 133 家，僵尸企业的行业占比为 6.8%，因此没有排入前 15。不难看出，僵尸企业与产能过剩如影相随，产能过剩严重的行业，僵尸企业的数量更多，占比往往较高。关于僵尸企业和产能过剩的关系，我们会在第五章给出更详细的分析。

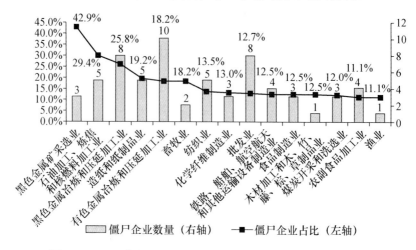

图 3 - 1　2014 年僵尸企业占比排名前 15 的行业（过度借贷法）

再看 2015 年的状况。如图 3 - 2 所示，产能过剩比较严重的行业依然占据了大部分排名。在 2014 年就榜上有名的石油、煤炭、钢铁、有色金属、造纸等行业依然在列。还有一些产能过剩行业在 2014 年的名单中并未出现，但在 2015 年却排到了前 15，其中比较典型的是非金属矿物制品业。此处说明一点，在非金属矿物制品业中，占据主要地位的子行业就是水泥、玻璃和陶瓷制造业。除了上面提到的行业，房地产业终于挤进了前 15 的行列，僵尸企业数量高达 14家，在数量方面排名第二，仅次于化学原料和化学制品制造业。不仅如此，房地产业的僵尸企业行业占比还达到 10.4％，比 2015 年过度借贷法测度出的僵尸企业平均占比 6.3％的水平高出不少。

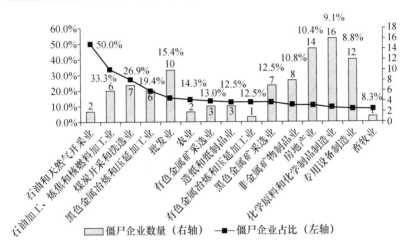

图 3-2　2015 年僵尸企业占比排名前 15 的行业（过度借贷法）

（二）连续亏损法下的僵尸企业行业分布

接下来，我们来看一下用连续亏损法测度出来的僵尸企业的行业分布情况。与过度借贷法不同，连续亏损法是从结果去识别僵尸企业。图 3-3 是 2014 年僵尸企业占该行业全部上市公司的比例排名前 15 的行业。如图 3-3 所示，排名前 15 的行业僵尸企业占比均超过 2014 年僵尸企业的总样本占比，即 10.4％。从行业分布来看，与过度借贷法整体上相似，在排名上有所不同。其中，黑色金属冶炼和压延加工业，石油加工、炼焦和核燃料加工业，有色金属冶炼和压延加工业等产能过剩行业依然在列，占比同样较高。林业、食品制造业等行业则因为基数原因仍排在前 15。房地产行业共有 10 家僵尸企业，但因为基数较大的原因没能排进前 15。纺织业、农副食品加工业、食品制造业等劳动密集型产业依然在列。此外，近年来，中国运输能力过剩越来越严重，而运输行业（铁路、船舶、航空航天和其他运输设备制造业以及水上运输业）的僵尸企业数量和占比也明显较高。总而言之，结论与过度借贷法类似，产能过剩严重的行业中，僵尸企业数量和占比都比较高。

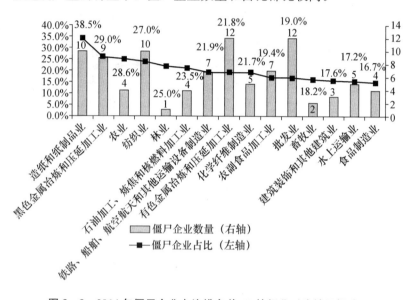

图 3 - 3　2014 年僵尸企业占比排名前 15 的行业（连续亏损法）

　　到了 2015 年，连续亏损法测度出的僵尸企业行业分布基本上与 2014 年保持一致，不过在具体排名上发生了一些变化。一方面，产能过剩行业依然占据了大部分，包括钢铁、石油加工、造纸、有色金属和化学制品业。纺织业作为典型的劳动密集型行业依然在列，但数量减少了一家。另一方面，部分劳动密集型行业没有出现在 2015 年的前 15 中，如食品制造业和农副食品加工业。新晋的化学原料和化学制品制造业虽然排名末位，但数量最多，整个行业的僵尸企业数量高达 30 家（见图 3 - 4）。其实，在 2014 年该行业的僵尸企业数量就有 25 家，行业占比 14.6%，在 2014 年行业占比排名第 16 名。此外，房地产业的僵尸企业数量依然保持在 10 家，与 2014 年持平，这一点与过度借贷法的测度结果有所不同。还有一些行业因为基数原因排名靠前，此处不再赘述。

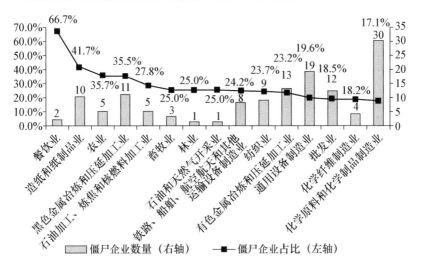

图 3－4　2015 年僵尸企业占比排名前 15 的行业（连续亏损法）

（三）综合性方法下的僵尸企业行业分布

最后来看一下用综合性方法测度出来的僵尸企业的行业分布情况。综合性方法是指同时满足 CHK 方法 Ⅱ 和实际利润法 Ⅰ 的企业。这种方法强调了银行和政府的补贴在形成僵尸企业的过程中起到的作用。图 3－5 是 2014 年僵尸企业占该行业全部上市公司的比例排名前 15 的行业。如图 3－5 所示，排名前 15 的行业僵尸企业占比均超过 2014 年僵尸企业的总样本占比，即 10％。行业分布与前两种方法依然是整体上相似，但在具体排名上有所不同。其中，通用设备制造业的僵尸企业数量最多，达到 19 家，行业占比也比较高。黑色金属矿采选业，黑色金属冶炼和压延加工业，石油加工、炼焦和核燃料加工业，有色金属冶炼和压延加工业等产能过剩行业依然在列，且行业占比较高。农业、渔业等行业则因为基数原因仍排名前 15 内，但畜牧业的僵尸企业数量显著增加。房地产行业的僵尸企业数量为 9 家。纺织业和农副食品加工业依然在列。

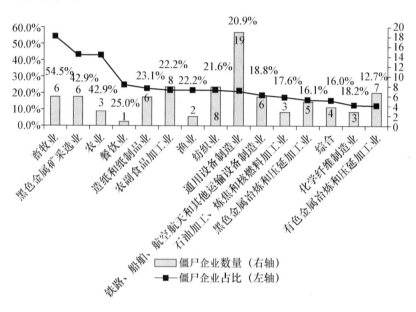

图 3－5　2014 年僵尸企业占比排名前 15 的行业（综合性方法）

与其他两种方法类似，使用综合性方法在 2015 年测度出的结果与 2014 年大致相同。排名前 15 的行业中，产能过剩行业依然是主力军，这些行业包括钢铁、石油加工、炼焦、煤炭、造纸、有色金属等。但是，到 2015 年，纺织业这个典型的劳动密集型行业却不在综合性方法的前 15 名中了（见图 3－6）。2015 年，房地产行业的僵尸企业共有 12 家，比 2014 年增加了 3 家，但由于行业公司数量较多，因此没能进入前 15 名。值得注意的是，畜牧业连续两年都在综合性方法的行业分布中排名第一，这在部分程度上反映了政府和银行对亏损农业类企业的扶持。

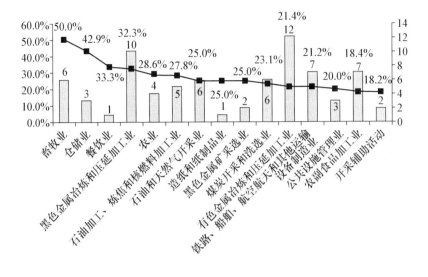

图3－6　2015年僵尸企业占比排名前15的行业（综合性方法）

（四）三个典型事实

综上所述，从整体上来看，三种多条件识别方法测度出的僵尸企业行业分布情况基本相同，但在具体排名方面有些差别。与此同时，2014年和2015年两年内僵尸企业的行业分布特征基本一致，并未发生显著变化。此外，个别行业（如林业）的上市公司总数较少，会在部分程度上干扰僵尸企业行业占比的排名。总而言之，从上述分析过程中，我们可以发现一些典型的事实：

（1）在钢铁、石化、有色等产能过剩比较严重的行业中，僵尸企业的数量都比较多，行业占比也超过平均水平。

（2）部分典型的劳动密集型产业，如纺织业和食品加工业，僵尸企业的数量也比较多，佐证了"保就业是造成僵尸企业的重要原因"的观点。

（3）房地产行业的僵尸企业行业占比虽然不高，但 2014 年和 2015 年测度出的数量大多在 10 家以上，值得关注。不仅如此，过度借贷法和综合性方法测度出的房地产僵尸企业数量在 2015 年还有所增加，这种趋势不容忽视。

二、假如僵尸企业要开老乡会

虽然中央下了坚定的决心要处置僵尸企业，但是解决僵尸企业的责任并不在行业协会身上，各级地方政府才是未来战场上的主角。因此，光搞明白僵尸企业集中在哪些行业还不够，我们还要摸清僵尸企业的地域分布。只有这样，我们才能了解哪些地区的僵尸企业问题最严重。这些地区自然就是今后解决僵尸企业问题的主战场，政府自然要提供更多配套的政策支持。那么，假如僵尸企业要开老乡会，哪些省市会成为实力派的老乡会呢？

接下来，我们还是按照上文的顺序，分别对过度借贷法、连续亏损法和综合性方法的测算结果进行分析。在确定上市公司属于哪个地区的时候，我们主要利用上市公司的注册地来判断僵尸企业的地区归属。

（一）过度借贷法下的僵尸企业地区分布

首先来看过度借贷法测出来的僵尸企业的地区分布。用过度借贷法识别出的 2014 年僵尸企业占该地区全部上市公司的比例的地区分布中，山西省、河北省、辽宁省、青海省、广西壮族自治区和宁夏回族自治区的僵尸企业占比均超过 23.4%，是僵尸企业占比最多的地区。但是，宁夏回族自治区和青海省的僵尸企业仅有 4 家和 3 家，只不过两地区的上市公司数量太少（分别只有 12 家和 10 家），基数效应导致两地区排名靠前。辽宁省的僵尸企业为 16 家，无论是数量还是占比都位居前列，是僵尸企业老乡会中当之无愧的第一大会。山西省和河北省是第一梯队中的主力，僵尸企业数量分别是 8 家和 11 家。

在第二梯队中，吉林省、河南省、四川省、云南省等地区的僵尸企业问题比较严重，占比均在 15％以上。河南省和四川省的僵尸企业数量分别为 10 家和 16 家，也是僵尸企业老乡会里的实力派。最后，山东省、浙江省、江苏省和广东省的僵尸企业数量都超过 15 家，但是由于这些地区的上市企业总数较多，因此占比较少，未能排在前列。

2015 年过度借贷法下的僵尸企业地区分布从总体上来看变化不大，东三省的分布没有变化，山西省、广西壮族自治区依然是重灾区，河南省、湖南省和四川省依然在第二梯队里。部分西部省份的僵尸企业占比依然较高。虽然从整体来看，过度借贷法 2015 年测度出的僵尸企业比 2014 年略少，但辽宁省、广西壮族自治区、湖北省、山西省、广东省五个省和自治区的僵尸企业却分别比2014 年增加了 3 家、2 家、5 家、2 家和 6 家。可见，在过度借贷法的测量下，这些地区的僵尸企业问题较 2014 年有所恶化。

（二）连续亏损法下的僵尸企业地区分布

接下来，我们看一下连续亏损法测度出的僵尸企业的地区分布。2014 年用连续亏损法识别出的僵尸企业的地区分布中，山西省、河北省、青海省、湖南省、新疆维吾尔自治区、广西壮族自治区和宁夏回族自治区的僵尸企业占比均超过 20％，是僵尸企业占比最多的地区。新疆维吾尔自治区、宁夏回族自治区和青海省主要是因为基数效应（地区内上市公司总数太少）排名靠前。湖南省凭借 16 家僵尸企业、占比 22.5％的"佳绩"荣登榜首，成为僵尸企业的第一大老乡会。山西省和河北省依然是第一梯队的主力，僵尸企业数量分别达到 8 家和 10 家。东北三省则成为老乡会第二梯队的中坚力量。吉林省、辽宁省和黑龙江省的僵尸企业占比均在 16% 以上，三个省份的僵尸企业数量总数达到 22 家。北上广地区的僵尸企业数量均在 10 家以上，其中上海达到 20 家，但由于基数过大，因此占比均低于整体平均水平，最终没能上榜。

再来看看 2015 年连续亏损法下的僵尸企业地区分布。一方面，东北三省依然是重灾区，部分西南省份，如广西壮族自治区、云南省的僵尸企业占比还是较高。内陆省份的分布没有发生太大变化，山西省、湖南省等资源大省的僵尸企业依然较高。另一方面，部分省份的僵尸企业问题有所好转。其中比较典型的是河北省和湖南省。这两个省份的僵尸企业占比虽然仍然较高，但毕竟走出了第一梯队。也就是说，虽然 2015 年连续亏损法测度出的僵尸企业总量较 2014 年增加了 19 家，但僵尸企业在各省市之间的分布反而更平均了。

（三）综合性方法下的僵尸企业地区分布

最后看一下用综合性方法测算出的僵尸企业的地区分布。用综合性方法测出的僵尸企业地区分布与前两种方法有明显差异。2014 年，第一梯队包括青海省、福建省、海南省、湖南省、新疆维吾尔自治区和西藏自治区。湖南省以 17 家僵尸企业、占比 23.9% 的水平，继续保持盟主之位。而青海省和西藏自治区都是因为基数效应上榜。值得注意的是，新疆维吾尔自治区的上市公司总数处于全国平均水平，因此其成功上榜并非由于基数原因。从前文可知，综合性方法的关注点不仅是企业的盈利能力，还有企业获得的来自银行和政府的补贴水平。近年来，新疆地区获得了许多来自中央政府的补贴。根据《新疆 2014 年自治区预算执行情况和 2015 年自治区预算草案的报告》中关于自治区本级财政预算预计完成情况的说明，自治区本级公共财政预算收入总计 2 495.2 亿元，其中上级补助收入 1 998.1 亿元。因此，新疆维吾尔自治区成为新晋的实力派老乡会也在情理之中。

在第二梯队中，我们可以看到许多熟悉的面孔，比如河北省、黑龙江省和辽宁省。即便如此，在第二梯队的省份，僵尸企业的占比开始下降。这些地区僵尸企业的占比均不到 15%。也就是说，综合性方法测出的僵尸企业地区分布更加平均，这或许反映出银行和地方政府补贴的普遍性。

2015 年综合性方法测度出的僵尸企业地区分布同 2014 年相比发生了不小的变化。首先，湖南不再是僵尸企业数量最多的省份，2015 年僵尸企业有 14 家，较 2014 年减少了 3 家。四川省成为僵尸企业最多的省份，2015 年有 15 家僵尸企业，占当地全部上市公司的比例为 15%。其次，陕西省、辽宁省、云南省和广西壮族自治区进入了第一梯队，成为 2015 年僵尸企业占比最高的地区。其中，陕西省僵尸企业增加了 5 家，辽宁省增加了 5 家，云南省增加了 4 家，广西壮族自治区增加了 4 家。最后，不少地区的僵尸企业占比显著下降。这些地区包括河北省、吉林省和青海省。总而言之，2015 年综合性方法测度出的僵尸企业分布较 2014 年更为集中了。

（四）四个典型事实

综上所述，从整体上来看，三种多条件识别方法测度出的僵尸企业地区分布情况各有不同（见表 3-1 和表 3-2）。具体排名方面，不同方法测度的情况差别比较大。但是，我们仍然可以发现四个典型事实：

（1）我们用各地区僵尸企业占比数据的方差来度量离散度，结果发现，综合性方法测出来的僵尸企业的地区分布离散度最大，其次是连续亏损法，最平均的是过度借贷法。也就是说，从补贴的视角来观察僵尸企业，则全国各地的情况有较大差异，但是不同地区僵尸企业的经营情况却大致相同。

（2）那些自然资源丰富的地区（山西省、湖南省），或者产业结构比较单一的地区（河北省、辽宁省），往往更容易受到经济周期或价格周期的影响，僵尸企业出现的概率也就更大。

（3）僵尸企业问题比较严重的地区往往是中等发达地区，发达地区和落后地区的僵尸企业问题反而不是很严重。

（4）与2014年相比，陕西省、云南省、广西壮族自治区和辽宁省四个省份在三种多条件识别方法下，均出现2015年僵尸企业数量增加的情况。可以比较有把握地推断，这些地区的僵尸企业问题在继续恶化，值得引起重视。

表3-1　　　　三种多条件识别方法下2015年僵尸企业
数量排名前10的地区

排名	连续亏损法			过度借贷法			综合性方法		
	省份	僵尸企业数量	上市公司总数	省份	僵尸企业数量	上市公司总数	省份	僵尸企业数量	上市公司总数
1	广东	20	375	广东	15	375	广东	28	375
2	上海	19	192	辽宁	12	70	江苏	24	249
3	湖南	16	74	浙江	10	264	浙江	22	264
4	四川	14	89	四川	9	89	上海	18	192
5	浙江	14	264	上海	8	192	四川	15	89
6	江苏	13	249	湖北	8	83	辽宁	14	70
7	山东	12	151	湖南	7	74	湖南	14	74
8	辽宁	11	70	江苏	7	249	福建	12	89
9	河北	11	49	河南	7	67	北京	11	225
10	河南	11	67	福建	7	89	山东	11	151

表3-2　三种多条件识别方法下2015年僵尸企业占比排名前10的地区

排名	连续亏损法	过度借贷法	综合性方法
1	宁夏	宁夏	陕西
2	海南	山西	广西
3	青海	广西	新疆
4	广西	新疆	海南
5	云南	辽宁	天津
6	山西	云南	云南
7	新疆	海南	辽宁

续前表

排名	连续亏损法	过度借贷法	综合性方法
8	河北	河南	湖南
9	湖南	吉林	四川
10	天津	四川	宁夏

三、国有企业更容易变僵尸吗？

说完了僵尸企业的行业分布和地域分布，我们接下来谈一下僵尸企业和国有企业的关系。在之前的内容里，我们对僵尸企业的印象始终是"效益差，拖后腿"。巧的是，国有企业也经常被贴上这样的标签，个中关系值得我们仔细品味。当国有企业遇上僵尸企业，我们不禁要问：国有企业更容易变成僵尸企业吗？

（一）有罪推断

我们从一个公式说起：

$$\frac{SZF}{ZF} = \frac{P_S \cdot SF}{P_Z \cdot AF} = \frac{P_S}{P_Z} \cdot \frac{SF}{AF} \tag{3—1}$$

式中，SZF（state-owned zombie firm）表示样本中国有僵尸企业的数量，ZF 表示样本中僵尸企业的数量，SF 表示样本中所有国有上市公司的数量，AF 表示全部样本公司的数量，P_S 表示国有企业成为僵尸企业的概率，P_Z 表示一般样本企业成为僵尸企业的概率。

由公式（3—1）可知，如果国有企业成为僵尸企业的可能性更大，即 $P_S > P_Z$，则有 $\frac{P_S}{P_Z} > 1$，$\frac{SZF}{ZF} > \frac{SF}{AF}$。也就是说，如果国有企业更容易成为僵尸企业，则国有僵尸企业占全部僵尸企业的比例，就会高于全部国有企业占全部样本公司的比例。因此，我们虽然无法准确得知国有企业成为僵尸企业的概率和一般样本公司成为僵尸企业的概率，但可以从其他的数据表现反向推出两种概率之间的大小。

图3-7至图3-9给出了用三种多条件识别方法识别出的2007—2015年全部僵尸企业中的国有僵尸企业占比，以及全部样本上市公司中国有上市公司的占比。我们用上市公司的限售股份中国家持股或国有法人持股是否为正来判断样本公司是否为国有企业。

首先来看过度借贷法的测度结果。如图3-7所示，2007—2015年的僵尸企业中，国有僵尸企业占比并不高，历年平均水平为29.3%，而且没有表现出增加的趋势。在2007—2014年间，国有僵尸企业占所有僵尸企业的比重始终高于国有企业占全部样本上市公司的比重。其中，2007年国有僵尸企业占比过高是因为当年仅有5家僵尸企业，其中3家为国有企业，因此基数效应导致占比过高。在2012年和2014年，国有僵尸企业占所有僵尸企业的比重出现了明显增加，高出国有企业占全部样本上市公司的比重近10个百分点。然而，2015年，国有僵尸企业占所有僵尸企业的比重为18%，较2014年下降了近10个百分点，与当年国有企业占全部样本上市公司的比重基本持平。国有企业更容易成为僵尸企业的证据仿佛消失了。

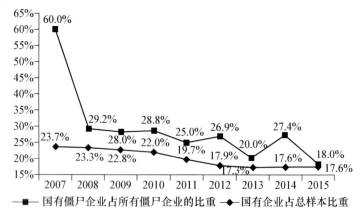

图3-7　国有僵尸企业在僵尸企业中的比重（过度借贷法）

其次来看连续亏损法测度出的结果。在连续亏损法测度的僵尸企业中，国有僵尸企业在全部僵尸企业中的占比平均水平为26.8%。如图3-8所示，国有僵尸企业在所有僵尸企业中的占比始终高于国有企业占总样本的比重。特别是在2008年，国有僵尸企业的占比更是远远超过了国有企业占总样本之比。随后，2011—2014年间，两者之间的差距保持在5%左右，并没有出现太大波动。然而，同过度借贷法的结果一样，2015年当年连续亏损法测度出的国有僵尸企业的占比突然大幅减少，比2014年下降了4.1个百分点，与当年国有企业占总样本的比重相差无几。

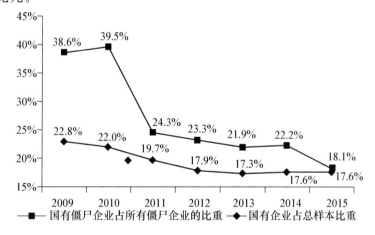

图3-8 国有僵尸企业在僵尸企业中的比重（连续亏损法）

最后来看综合性方法测度出的结果。2007—2015年间，综合性方法测度出的国有僵尸企业在全部僵尸企业中的占比平均水平为25.2%，在大部分时间内，这一比例始终高于全部样本上市公司中的国有企业占比。特别是2008年当年，国有僵尸企业的占比要超过国有企业平均占比10个百分点以上（见图3-9）。但是，到了2015年，国有僵尸企业的占比不仅大幅下降，而且低于当年国有企业占总样本的比重。如果仅考虑2015年的结果，我们甚至会得到"国有企业更难成为僵尸企业"的结论。我们会在本节第三部分对这一现象进行更详细的讨论，此处不再展开。

图3-9　国有僵尸企业在僵尸企业中的比重（综合性方法）

（二）无罪推断

接下来，让我们从无罪推断出发，试着为国有企业做个辩护。在这一部分，我们假设一个企业是否为国有企业，同它是否为僵尸企业毫无关系。换句话说，一家企业成为僵尸企业的概率是一定的，而与它的所有权属性无关。

按照概率论的基本原理，若事件 A、事件 B 发生的概率完全独立，也就是事件 A 是否发生不会影响到事件 B 发生的概率，那么事件 A、事件 B 同时发生的概率就是事件 A 发生的概率乘以事件 B 发生的概率。此处，定义一个企业成为国有企业的概率是 P_A，成为僵尸企业的概率是 P_B。在两者完全独立的前提下，一个企业既是国有企业，又是僵尸企业的可能性就是 P_A 乘以 P_B。

这种方法要求我们对样本公司成为国有企业的概率和成为僵尸企业的概率分别进行估计。严格来说，一家企业成为国有企业和成为僵尸企业并不是标准的概率事件。但是，我们可以从抽样的角度来考虑。当我们从全部样本公司中随机抽取一家公司时，如果僵尸企业和国有企业是完全独立的，那么抽中的公司是国有僵尸企业的概率就是抽中僵尸企业的概率和抽中国有企业的概率的乘积。

根据上述分析，一家公司成为国有企业的概率，就等于样本中国有企业的数量除以全部样本企业的数量，也就是国有企业在全部样本中的占比，记为 P_A。同理，一家公司成为僵尸企业的概率就是僵尸企业在全部样本中的占比 P_B。如果两者确实完全独立，那么一家公司既是僵尸企业又是国有企业的理论概率就是 $P_A \cdot P_B$，理论数量就是用理论概率乘以样本总数。

图 3-10 给出了利用过度借贷法识别出的国有僵尸企业的实际数量，以及计算出的理论数量。图 3-11 给出了国有僵尸企业的理论数量和实际数量之间的偏离率，具体计算公式是：

$$偏离率＝（实际数量－理论数量）/理论数量×100\%$$

$$(3—2)$$

从图 3-10 和图 3-11 可以看出，在过度借贷法下，国有僵尸企业的实际数量始终大于用理论概率计算出的数量，在个别年份甚至高出 60%。由此可知，企业成为国有企业和成为僵尸企业两者之间完全独立的可能性很小，两者具有显著的相关性。此时，最直接的解释就是，国有企业更有可能成为僵尸企业。

但有一点值得注意，那就是 2015 年国有僵尸企业的实际数量仅比理论数量多了一家。这就表明，起码从 2015 年来看，我们很难说成为国有企业和成为僵尸企业之间有什么重要且显著的相关性。当然，这种情况并非第一次出现。2007 年两者之间的数量差距也很小，2011 年两者甚至相等。但是 2007 年和 2011 年的特殊性在于，这两年测度出的僵尸企业分别只有 3 家和 1 家，僵尸企业的基数太小，不足以进行推断。

图 3-12 和图 3-13 分别给出了连续亏损法测度出的国有僵尸企业的实际数量、利用公式计算出的理论数量，以及理论数量和实

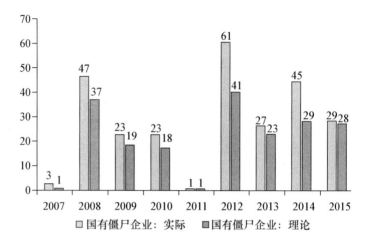

图 3 - 10　国有僵尸企业的理论数量和实际数量（过度借贷法）

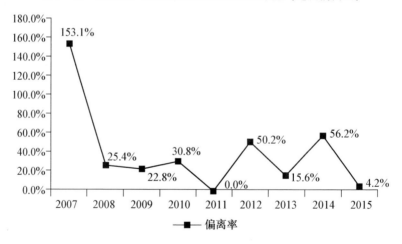

图 3 - 11　理论数量与实际数量之间的偏离率（过度借贷法）

说明：图 3 - 10 中国有僵尸企业的理论数理为近似值，而本图中计算偏离率时仍采用原值，故计算结果存在偏差，图 3 - 12 至图 3 - 15 均存在同样问题。

际数量之间的偏离率。如图 3 - 12 和图 3 - 13 所示，国有僵尸企业的实际数量在样本期内始终大于理论数量，个别年份的偏离率甚至

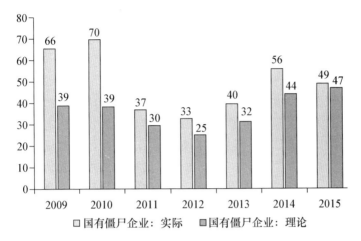

图 3 - 12 国有僵尸企业的理论数量和实际数量（连续亏损法）

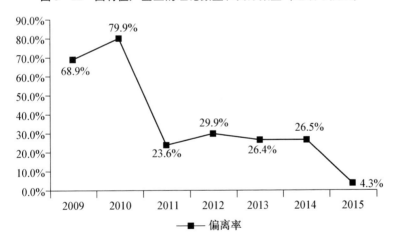

图 3 - 13 理论数量与实际数量之间的偏离率（连续亏损法）

接近 80%。显然，这种结果也不支持成为国有企业和成为僵尸企业两者完全无关的假设。只不过在 2015 年国有僵尸企业的实际数量仅比理论数量多出 2 家，这一点和过度借贷法的结果一样。也就是说，如果没有之前数据的支撑，仅凭 2015 年多出的 2 家确实很难否定"国有企业与僵尸企业无关"的原假设。

图 3-14 和图 3-15 则给出了用综合性方法识别出的国有僵尸企业的实际数量、计算出的理论数量，以及理论数量和实际数量之间的偏离率。从图 3-14 和图 3-15 可以看出，2007—2014 年间，国有僵尸企业的实际数量始终大于理论数量。但到了 2015 年，两者之间的大小关系发生了变化。2015 年，计算出的国有僵尸企业理论数量比国有僵尸企业的实际数量多出 11 家，此时偏离率不再为正，反而为－22.2%。如此大的偏离率当然可以否认"国有企业和僵尸企业无关"的原假设，但备选的解释却为国有企业更不容易成为僵尸企业。这一点与有罪推断部分得到的结论一致。

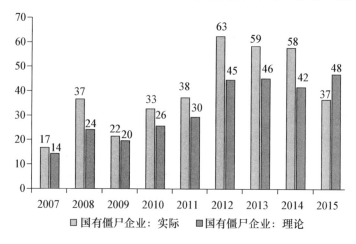

图 3-14　国有僵尸企业的理论数量和实际数量（综合性方法）

综上所述，我们在两种不同的分析框架下，对"国有企业是否更容易成为僵尸企业"的命题进行了探究。2007—2014 年间，两种分析框架的研究结论均支持"国有企业更容易成为僵尸企业"的观点（见表 3-3）。但是到了 2015 年，支持"国有企业更容易成为僵尸企业"的证据貌似消失了。我们不禁要问，2015 年究竟发生了什么变化？难道国有企业在 2015 年突然浪子回头，一改往日

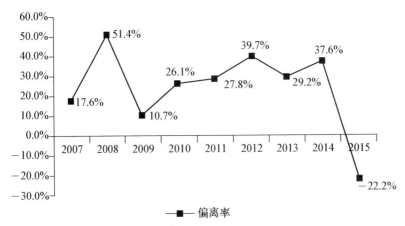

图 3 - 15　理论数量与实际数量之间的偏离率（综合性方法）

懒散的行事作风，从而导致盈利能力突飞猛进？抑或是政府或银行对国有企业减少了部分补贴，导致部分国有僵尸企业成本增加，反而能够免于被我们的识别方法发现？

表 3 - 3　　　　2014 年和 2015 年国有僵尸企业数量对比

	过度借贷法		综合性方法		连续亏损法	
	2014	2015	2014	2015	2014	2015
国有僵尸企业数量：实际	45	29	58	37	56	49
国有僵尸企业数量：理论	29	28	42	48	44	47
偏离率	60.7%	4.2%	37.6%	−22.2%	26.5%	4.3%
国有僵尸企业/全部僵尸企业	27.3%	18.0%	24.2%	13.8%	22.2%	18.1%
国有企业/全部样本	17.6%	17.6%	17.6%	17.6%	17.6%	17.6%

（三）浪子回头 VS 盟友撤退？

要想知道究竟是国有企业浪子回头，还是政府银行悄然撤退，方法其实很简单，只需要考察一下国有企业的盈利状况即可。我们以工业企业为例，看看国有企业的表现究竟如何。图 3 - 16 给出了国有工业企业和全国工业企业营业收入同比增速对比。从图中可以看出，2015 年国有工业企业的营业收入非但没有好转，同比增速反而在由正转负，全年平均增速为－7.48％，远低于 2014 年的平均增速 2.86％。再加上 2015 年全国工业企业的营业收入同比平均增速依然为正，且与国有工业企业营业收入同比增速之间的差距越拉越大。可见国有工业企业经营状况非但没有好转，反而日益成为"拖后腿"的角色。

与之相对应，国有工业企业的盈利状况在 2015 年的表现也是一塌糊涂。与营业收入一样，国有工业企业的利润总额同比增速在 2015 年下滑了一大截，全年同比平均增速为－25.12％，而 2014 年这一指标的平均值还为 1.43％。具体来看，国有企业的利润总额在 2015 年初出现了一次骤降，随后在上半年略有回升，但在下半年回升趋势没有持续（见图 3 - 17）。相对而言，国有工业企业利润同比增速与全国工业企业利润同比增速平均水平的差距在 2015 年突然扩大。综合这两方面来看，国有企业在 2015 年并没有逆袭的表现，依然是那个"效率低，拖后腿"的差生。

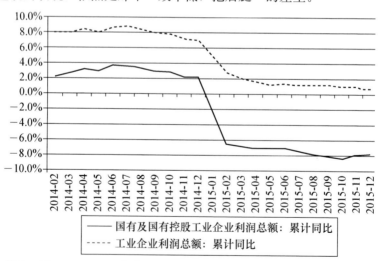

图 3－16 2014—2015 年全国国有工业企业与全国工业企业销售收入对比

资料来源：Wind 数据库，后经作者处理。

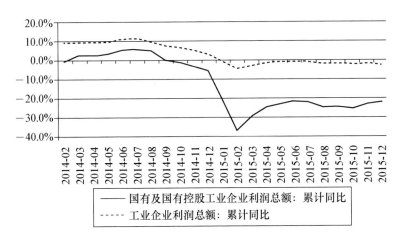

图 3 - 17　2014—2015 年全国国有工业企业与全国工业企业利润对比

资料来源：Wind 数据库，后经作者处理。

　　要知道，我们识别僵尸企业的基本逻辑就是看企业是否享受了来自银行或政府部门的补贴。如果不是国有企业变得更好了，那就有可能是因为银行或政府减少了对国有企业的补贴，导致我们无法识别出那些曾经是僵尸企业的国有企业。因此，我们接下来要从补贴的层面入手，考察一下国有僵尸企业的盟友是不是真的撤出了。

　　首先，我们来看一下政府是不是对国有工业企业下了"狠心"。图 3 - 18 是 2014—2015 年全国国有工业企业与全国工业企业纳税情况对比。如图所示，2014—2015 年间，国有工业企业的纳税总额同比增速始终低于全国工业企业纳税总额的同比增速。也就是说，国有工业企业在税收方面的负担始终要轻一些。在 2015 年上半年，国有工业企业的纳税总额曾一度快速增加，但随后快速下降，再次与工业企业纳税同比增速的平均水平拉开差距。由此可见，国有工业企业的税收负担并没有变得更重，依然享受着来自政府税收方面的"优惠"。

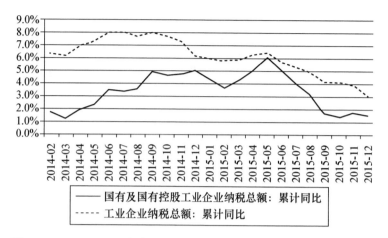

图 3-18　2014—2015 年全国国有工业企业与全国工业企业纳税情况对比

资料来源：Wind 数据库，后经作者处理。

　　既然国有企业的税收负担并没有增加，还在继续享受着税收优惠，那就说明政府部门还没有真正撤出。我们再看看来自银行的帮助是否有所减弱。由于缺少国有工业企业的利息同比数据，我们选择用全部国有企业的财务费用同比增速作为替代。2014 年，国有工业企业的利润总额占全部国有企业的 56.7%，2015 年这一比例虽然有所下降，但也占到 47.8%。因此，我们认为可以用国有企业的数据来替代国有工业企业数据。

　　如图 3-19 所示，2014—2015 年两年里，国有企业财务费用的同比增速始终要高于全国工业企业财务费用的同比增速。这表明国有企业的利息负担确实在平均水平之上。在 2015 年上半年，国有企业财务费用同比增速较 2014 年明显下降，可以理解为国有企业的利息负担有所减弱。但 2015 年下半年，国有企业财务费用的同比增速突然增加，且与全国工业企业财务费用的同比增速有所拉大。

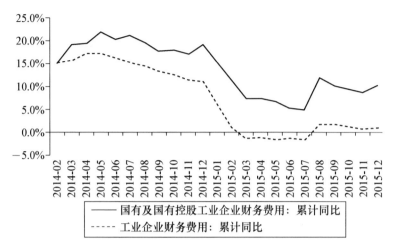

图3-19　2014—2015年全国国有工业企业与全国工业企业财务费用对比

资料来源：Wind数据库，后经作者处理。

根据上述情况，我们可以大致推断出2015年银行部门对国有企业的补贴力度确实有所减弱。同时，这种情况也能帮助我们理解为何过度负债法和连续亏损法测度出的国有僵尸企业规模只是回归正常，而综合性方法却发现国有僵尸企业数量锐减。综合性方法要求企业同时满足两个条件，一是享受来自银行的补贴，二是企业处于实际亏损状态。纵然国有企业在2015年依然不争气，但是来自银行的补贴却有所减少，第一个条件也就得不到满足，因此用综合性方法识别出的国有僵尸企业数量自然就会减少。

总而言之，我们大致确定了国有僵尸企业占比在2015年突然下降的原因。从国际经验来看，停止对僵尸企业的输血是处置僵尸企业的第一步。就当前的情况而言，银行减少对国有僵尸企业的补贴是一个不错的开始，但也仅仅是一个开始。接下来要做的是让这些国有僵尸企业尽快恢复自身的造血功能，也就是能够实现正常盈利，否则国有僵尸企业还是会卷土重来。

第四章

1 000 亿元的去产能基金够不够？

在 2016 年的政府工作报告上，李克强总理提出要"重点抓好钢铁、煤炭等困难行业去产能，……采取兼并重组、债务重组或破产清算等措施，积极稳妥处置'僵尸企业'"。应该说，中国当前之所以提出处理僵尸企业，最终是要通过关停并转一批僵尸企业，达到去产能的目的。

我们在第一章总结日本应对僵尸企业的经验时就已经指出，解决僵尸企业问题的关键在于企业自救，而企业自救的核心环节是进行实质性的裁员。但是，大规模的裁员就意味着失业人口骤增，这会给政府和社会带来严峻的挑战。

正因如此，李克强总理提出要"完善财政、金融等支持政策，中央财政安排 1 000 亿元专项奖补资金，重点用于职工分流安置"。可见，从中央的角度来看，去产能面临的最大挑战是如何应对失业。换句话说，去产能的速度取决于解决失业的速度，中央能处理好多大规模的失业，就能去掉多大规模的产能。因此，1 000 亿元能去掉多大规模的产能，取决于 1 000 亿元能安置多少失业职工。我们不禁要问：1 000 亿元的去产能基金够用吗？

一、芝加哥有多少钢琴调音师？

为了回答这个问题，我们先来看一个完全不相干的问题：芝加哥有多少钢琴调音师？

这是著名心理学家菲利普·泰洛克在《超预测》（*Super forecasting*）这本书中举的一个例子。这个非常冷门的问题是由著名物理学家费米提出来的。乍一看，这个题目问得人"丈二和尚摸不着头脑"。于是，费米给出了一个简明的逻辑框架来分析这类问题。费米先是把这个问题拆成了许多更容易处理的小问题。这些小问题包括：

（1）芝加哥有多少台钢琴？

（2）一台钢琴每年需要调多少次音？

（3）每次给钢琴调音需要多少时间？

（4）钢琴调音师每年平均工作多长时间？

但即便给出这些具体的问题，我们可能依然没有准确的答案。但这时我们可以大胆猜测，因为我们总是知道一些答案的量级。比如，芝加哥在美国应该算是中等大小的城市，我们可以猜测芝加哥大约有200万人，然后平均1‰的人口拥有钢琴。如果再把学校、音乐厅、酒吧统统加起来，拥有钢琴的数量是个人拥有钢琴数量的两倍，那么我们可以算出，芝加哥大约有5万台钢琴。

我们继续假设这些钢琴每年调音一次，每次2个小时，一共需要10万个小时。假设每位钢琴调音师一周工作40个小时，每年就是2 000个小时。扣除路上奔波的时间，每年给钢琴调音的时间大约是1 600个小时。最后，我们用10万小时除以每个钢琴调音师一年的工作时间，那么，芝加哥的钢琴调音师大约为60人。

毫无疑问，这个答案肯定是错误的，但是得出这个答案的分析逻辑本身并没有问题。如果我们想要得到更准确的答案，我们要做的无非就是把每个小问题的答案弄得更精确一些。我们可以查一下芝加哥有多少人口，甚至直接统计出芝加哥的钢琴数量。

总的来说，这种分析问题的思路有三大优势。首先，这种分析思路能给出一个明确且逻辑严密的分析框架，让分析问题变得更加可行。其次，这种分析思路能够保证答案的量级基本是准确的。如果我们随意猜测芝加哥的钢琴调音师数量，那么几位或几百位都有可能是答案。最后，这种分析思路留有充足的改进余地。由于每个小问题的答案都可以进一步完善，我们可以先在第一时间给出模糊的答案之后，用剩下的时间不断逼近正确的答案。

在本章，我们将主要应用上述分析思路，把"1 000 亿元的去产能基金够不够"的问题转化成几个小问题，然后通过分析这些小问题，给出最终的解答。

二、估算逻辑和估算框架

（一）估算逻辑

我们先把"1 000 亿元的去产能基金够不够"这个问题换个说法。所谓够不够，其实就是把需要去掉的产能规模和 1 000 亿元能去掉的产能规模相比较。如果前者大于后者，那就是不够，否则就是够。由于去产能的主要成本和政策考虑就是安置职工，因此就像我们最开始说的：1 000 亿元能去掉多大规模的产能，取决于 1 000 亿元能安置多少失业职工。

我们的整个估算逻辑如下：

第一步，我们要估算出某个行业要减少的产能，并据此估算出该行业因此导致的失业人数。

第二步，估算出该行业失业人员在各省市的分布，以及各省市对单位失业人员的安置成本。在此基础上,用各省市的失业人数乘以单位失业人员的安置成本,就可以得到该行业的总补贴费用(见图4-1)。

第三步,将六个产能过剩行业的补贴费用加总,就可以得到要达到最终的去产能目标所需要的人员处置费用总额。

最后,我们就能用估算出的总费用来判断1000亿元的去产能基金到底够不够用。如果不够,我们还能给出实际需要的去产能基金规模。举例来说,如果我们估算出去产能所需要的人员处置费用总额是3000亿元,那么1000亿元的去产能基金显然是不够的。进一步讲,如果政府每年都会补贴1000亿元,那么要用三年时间才能达到去产能的目标,而每年最多完成去产能目标的三分之一。

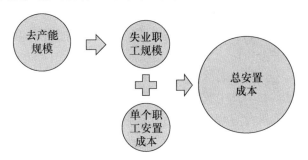

图4-1 去产能人员安置成本的估算框架

(二)估算框架

在明确估算逻辑之后,我们需要搭建起完整的估算框架。估算框架应该包含必要的估算条件、假设以及相应的选择依据。具体来说,主要分为以下五个部分。

1. 确定纳入估算体系的产能过剩行业

目前,中国许多行业都处于产能过剩状态,个别行业更是存在严重的产能过剩。我们综合了《国务院关于化解产能严重过剩矛盾的指导意见》（2013）、《国务院办公厅关于营造良好市场环境促进有色金属工业调结构促转型增效益的指导意见》（2016）、《工业和信息化部关于印发部分产能严重过剩行业产能置换实施办法的通知》（2015）、《工业绿色发展规划（2016—2020 年）》（2016）等多个政府文件，并结合可获得的公开数据，最终选定五个产能过剩行业作为我们的估算对象。

这五个产能过剩行业分别是：黑色金属冶炼和压延加工业（包括黑色金属矿采选业）、煤炭开采和采选业、非金属矿物制品业、造纸和纸制品业、有色金属冶炼和压延加工业。其中，非金属矿物制品业包含水泥制造业和平板玻璃制造业两个行业。严格来说，水泥制造业和平板玻璃制造业分属于两类不同的行业。但是，部分统计数据给出非金属矿物制品业的数据，因此我们将水泥和平板玻璃两个行业合并分析。

此外，上述行业名称是根据中国工业行业分类确定的名称。为了简便起见，在下文中我们将分别用钢铁行业、煤炭行业、水泥和玻璃行业、造纸业、有色金属行业指称。

2. 估算 X 行业要减少的产能

在确定要估算的产能过剩行业之后，我们还要算出这些行业大概要去掉多少产能才能恢复正常。这就需要我们给出明确且相对统一的标准，即如何判断一个行业的产能利用率是正常的？

纪志宏（2015）结合国际经验提出了一个判断是否存在产能过剩的标准。纪志宏的研究发现，从美国、欧洲和新兴经济体看，不同国家产能利用率的中值水平有所差异，但大体在 81％～82％区间，高点在 83％～85％，低点一般低于 75％。他据此提出一个判断标准：81％～82％为产能利用率基本正常，高于 85％为产能严重不足，低于 75％则表示产能严重过剩。结合当前的学术研究，将 80％作为产能利用率的合理标准基本已形成共识。

但是，本轮去产能还出现了新的情况，即中央对部分产能过剩行业给出了明确的去产能目标。因此，我们将产能过剩行业分为两类。第一类是中央已经提出了明确的去产能目标的煤炭行业。我们只需要用中央给出的减产规模除以当前的煤炭行业产能，就能得到需要去掉的产能比例。第二类是中央并未提出具体的去产能目标的行业。对于这些行业，我们以80％的产能利用率作为基准，结合行业的实际需求，计算出产能过剩行业需要去掉多大比例的产能才能达到80％的产能利用率。具体公式如下：

$$减产规模＝当前产能－\frac{实际需求（产量）}{80\%}$$

3. 估算 X 行业的失业人员规模

在得到每个产能过剩行业需要去掉的产能规模之后，我们就可以借此估算出该行业因为去产能而出现的失业人员规模。这里就要引出我们整个估算框架中的第一个假设：

假设1：某行业产能减少的比例等于员工减少的比例，即去掉10％的产能意味着要减少10％的就业。

客观来说，这个假设条件有些任性。我们刻意忽略了很多现实情况，比如不同行业的单位产能需要的员工数量是不同的，减少一名正式员工和减少一名临时工有本质区别，管理人员和生产人员的比例也是决定去产能导致失业人员的关键。该假设的最大好处在于它符合每个人的直觉。而且，正如之前所说，我们还可以通过进一步的研究不断修正这个假设，让它越来越精确。

无论如何，在假设1的支持下，只要得到了各行业需要减少的产能比例，再结合该行业的就业人员规模，就可以得到失业人员规模。

4. 估算单个失业人员的安置成本

接下来，我们要做的是给出估计单个失业人员安置成本的方法。现行的法律体系规定企业无权擅自大规模解雇员工。《中华人民共和国劳动合同法》第四十一条规定，用人单位需要裁减人员二十人以上或者裁减不足二十人但占企业职工总数百分之十以上的，应提前三十日向工会或者全体职工说明情况，听取工会或者职工的意见后，裁减人员方案经向劳动行政部门报告，才可以裁减人员。不仅如此，企业还要给被解雇的员工提供一定的补偿。

目前来看，补偿的标准主要有两种。一种叫做经济补偿金，另一种叫做一次性安置费。两种补偿标准的具体内容、使用条件等详细介绍会在后文给出，此处只需强调一点，两种方法对应不同的补偿规模，但都可通过工资水平换算得到。

5. 估算 X 行业的补贴资金规模

最后一步就是估算特定行业去产能所需的人员安置补贴资金规模。刚刚提到，我们在估算单个失业人员的安置成本时，要用工资水平去估算。后文的计算发现，制造业的平均工资水平大概是最低工资水平的 2.5～4 倍。因此，可以用全国各省市的平均工资水平来估算制造业的平均工资水平，进而得到单个失业人员的安置成本。

但是，这种估算方法过于简单，忽略了中国各省市之间的巨大差异。正如我们之前所说，我们给出的这种估算逻辑可以不断地优化改进。接下来，我们就要把地区差异因素考虑进来，用各地不同的最低工资标准估计当地的工资水平。同时，我们还需要估算出失业人员在全国各省的分布情况。然后把两者结合起来，就能得到更为准确的估计结果。

为了估算失业人员在各省之间的分布，我们还需要引入另外两个假设：

假设 2：假设 X 行业就业人员在各省市的分布比例，与产量在各省市的分布比例相同。

举个例子，如果山西省的钢铁产量占全国钢铁产量的 5%，那么根据假设2，山西省的钢铁行业就业人员占全国钢铁行业就业人员的比例也是5％。这样一来，我们就得到了就业人员在全国各省的分布。

　　假设3：X行业在各省的失业比例相同。

　　将假设2和假设3相结合，就能得到失业人员在全国各省的分布。然后，把每个省份的失业人数乘以该省份单个失业人员的安置成本，加总之后就能得到X行业的总体补贴资金规模。

三、减产额度的估算

（一）钢铁

　　根据中国钢铁工业协会发布的《2015年钢铁行业运行状况报告》，2015年中国粗钢产量约8亿吨，粗钢产能约12亿吨，产能利用率不到67％。如果钢铁行业要达到80％的产能利用率目标，那么全国的粗钢产能应减少2亿吨，产能减少规模占当前产能的16.67％。

（二）煤炭

　　根据中国煤炭工业协会的数据，目前全国煤炭产能在40亿吨左右，在建产能11亿吨左右，总规模为51亿吨。根据国务院发布的《关于煤炭行业化解过剩产能实现脱困发展的意见》，从2016年开始的3～5年里，煤炭行业要退出产能5亿吨左右，同时减量重组5亿吨左右煤炭产能，总计10亿吨。由此可算出，煤炭产能应减少20％才能达到去产能的目标。

（三）水泥和玻璃

根据中国最大的大宗商品数据提供方"生意社"提供的数据，2015 年全年全国平板玻璃产能在 10.82 亿重量箱左右，产量预计在 7.4 亿～7.5 亿重量箱，综合产能利用率在 69％左右。因此，平板玻璃大概要减少 14.3％的产能才能使产能利用率恢复到 80％的正常水平。

根据水泥行业协会统计，截至 2015 年底全国新型干法水泥生产线累计 1 763 条，合计设计熟料产能 18.1 亿吨，实际年熟料产能 20 亿吨，对应水泥产能 33 亿吨。结合国家统计局公布的熟料产量 13.35 亿吨计算，行业产能利用率为 66.8％（＝13.35/20）。而且，根据水泥协会统计的熟料产量数据计算，实际产能利用率只有 60％。即使按照 66.8％的产能利用率计算，水泥行业也要减少 16.7％的产能才能使产能利用率上升到 80％的水平。鉴于本轮去产能更侧重平板玻璃行业，水泥行业的产量会有调整，但压缩产能的压力并不大，所以参照平板玻璃行业的减产比例，取 14％作为行业减产的估算基准。[①]

（四）造纸

根据国家统计局的数据，2015 年中国机制纸和纸板产量累计高达 1.18 亿吨，但机制纸及纸板表观消费量只有约 1 亿吨。另根据《经济观察报》提供的信息，目前中国造纸行业已有约 20％的过剩产能。因此，我们假定造纸业大约要淘汰 20％的产能。

---

① 按照现行的分类标准，水泥和玻璃都属于非金属矿物制品业，两者在该大类占主要地位。而在进行就业统计时，只能获得非金属矿物制品业的就业人数。因此，将两者放在一起估算，主要是为了配合下一步估算失业人数。

（五）有色金属

根据工信部提供的数据，以电解铝为代表的有色金属行业存在严重的产能过剩。以电解铝为例，2012年电解铝的产能利用率仅为71.9%左右。照此测算，有色金属冶炼行业需减少10%左右的产能，才能达到80%的正常产能利用率目标。

（六）其他

粗钢和有色金属冶炼行业减少产能，必然意味着上游行业也要减少产能。两者对应的上游行业分别是黑色金属矿采选业和有色金属矿采选业。照此估算，黑色金属矿采选业和有色金属矿采选业要分别减少16.67%和10%的产能。

表4-1给出了六大产能过剩行业的减产比例。

表4-1　　　　　　六大产能过剩行业减产比例

行业	减产比例
黑色金属冶炼和压延加工业（钢铁）	16.67%
煤炭开采和采选业（煤炭）	20.00%
非金属矿物制品业（水泥和平板玻璃）	15.00%
造纸和纸制品业（造纸）	20.00%
有色金属冶炼和压延加工业（有色金属）	10.00%
黑色金属矿采选业	16.67%
有色金属矿采选业	10.00%

资料来源：Wind数据库，后经作者处理。

四、总失业人员的估算

本章用到的各行业从业人员的统计数据来自《第三次全国经济

普查主要数据公报（第二号）》。根据公报给出的行业从业人员数量，再结合第二节估算出的各行业减产比例，就能得出各个产能过剩行业因去产能所造成的失业人数。具体如下（见表4－2）：

（1）黑色金属冶炼和压延加工业就业人员约为471万人，按照16.67％的减员率，黑色金属冶炼和压延加工业失业人员约为78.5万人。

（2）煤炭开采和采选业就业人员约为611万人，按照20％的减员率，煤炭开采和采选业失业人员约为122.2万人。

（3）非金属矿物制品业就业人员约为987万人，按照14％的减员率，非金属矿物制品业失业人员约为138.2万人。

（4）造纸和纸制品业就业人员约为220万人，按照20％的减员率，造纸和纸制品业失业人员约为44万人。

（5）有色金属冶炼和压延加工业就业人员约为243万人，按照10％的减员率，有色金属冶炼和压延加工业失业人员约为24.3万人。

（6）黑色金属矿采选业就业人员约为98.6万人，按照16.67％的减员率，黑色金属矿采选业失业人员约为16.4万人。

（7）有色金属矿采选业就业人员约为76.2万人，按照10％的减员率，有色金属矿采选业失业人员约为7.6万人。

表4－2　　　　　　　　六大产能过剩行业失业人员

行业	减产比例	就业人员（万人）	失业人员（万人）
黑色金属冶炼和压延加工业	16.67％	471	78.5
煤炭开采和采选业	20.00％	611	122.2
非金属矿物制品业	14.00％	987	138.2
造纸和纸制品业	20.00％	220	44.0
有色金属冶炼和压延加工业	10.00％	243	24.3
黑色金属矿采选业	16.67％	98.6	16.4
有色金属矿采选业	10.00％	76.2	7.6
总计	—	—	431.2

资料来源：Wind数据库，后经作者处理。

五、单个失业人员安置费用的估算

　　之前我们已经提到，在当前的经济实践中存在两种不同的安置失业职工的标准。第一种叫做经济补偿金。这种标准的法律根据是《中华人民共和国劳动法》《中华人民共和国劳动合同法》等现行法律法规。根据规定，用人单位在一定情况下解雇劳动者，需依法一次性支付给劳动者经济上的补助。在法律实务中，相关情形多达44种，其中用人单位解除或终止劳动合同，应当向劳动者支付经济补偿金的有15种情形。这15种情形几乎囊括了所有企业解雇员工的可能，因此对大部分企业来说，因去产能导致员工失业必须要支付一定的经济补偿金。

　　经济补偿金按劳动者在本单位工作的年限，每满一年向劳动者支付一个月工资的标准。当劳动者月工资高于本地区上年度职工月平均工资3倍时，向其支付的经济补偿按照月平均工资3倍的数额支付，向其支付经济补偿的年限最高不超过12年。

　　第二种叫做一次性安置费。所谓的一次性安置费，是指国家为支持国有企业减员增效而在国务院确定的优化资本结构试点城市中实行的一项安置破产企业职工的特殊政策。这一政策的核心是，破产企业职工自谋职业的，政府可根据当地的实际情况发放一次性安置费，不再保留国有企业职工的身份。一次性安置费原则上按照破产企业所在市的企业职工上年平均工资收入的3倍发放，具体发放标准由各有关市人民政府规定。在20世纪90年代的国企改革过程中，就曾采用这种方法安置破产国企的职工。

　　不难看出，两种处置方法都与员工的工资水平挂钩。根据国家统计局公布的数据，2014年各省市制造业从业人员的平均工资水平大约是该省市2015年最低工资标准的2.5～4倍。考虑到产能过剩行业的效益差、行业竞争压力更大，本章更倾向于用最低工资标准的 2.5 倍作为六个产能过剩行业员工平均工资的估计值。出于全面考虑，本章也会给出用 4 倍最低工资标准的估算结果。

六、失业员工安置资金总额的估算

（一）初步估算

2015 年，全国各省市最低工资标准的平均值为 1 270 元。[①] 由此可以得出，全国制造业从业人员的平均工资水平在 3 175 元和 5 080元之间。表 4－3 给出了初步的估计结果。如表所示，在制造业平均工资水平为 3 175 元的情况下，如果按照经济补偿金的方法给失业员工补贴，那么单个员工的补贴成本为 38 100 元，总安置成本为 1 643 亿元；如果按照一次性安置费的方法给失业员工补贴，那么单个员工的补贴成本为 114 300 元，总安置成本为 4 929亿元。

在制造业平均工资水平为 5 080 元的情况下，如果按照经济补偿金的方法给失业员工补贴，那么单个员工的补贴成本为60 960元，总安置成本为 2 629 亿元；如果按照一次性安置费的方法给失业员工补贴，那么单个员工的补贴成本为 182 880 元，总安置成本为 7 886 亿元。

可见，即使按照最低水平的估算，1 000 亿元的失业安置标准依然是不够的。如果每年补贴 1 000 亿元，最少要 1.6 年才能完成去产能任务，最多则需要近 8 年的时间才能实现去产能的目标。

---

① 西藏地区仅有 2014 年的最低工资标准。由于 2012—2014 年西藏的最低工资标准一直没有增加，因此假定 2015 年西藏地区的最低工资标准仍然是 1 150 元。

表4-3　　　　　　　失业人员安置资金总额（初步）

平均工资水平	3 175 元		5 080 元	
补偿方式	经济补偿金	一次性安置费	经济补偿金	一次性安置费
单个失业人员安置成本（元）	38 100	114 300	60 960	182 880
总安置成本（亿元）	1 643	4 929	2 629	7 886

（二）改进后的估算结果

刚刚我们只是对整个去产能成本进行了初步估算，没有考虑到全国各省市客观存在的巨大差异。接下来，我们要进行更加详细的估算。首先要根据每个行业在不同省份的产量占比，估算出每个行业的失业人员在各省份的分布。

此处有三点需要说明。

一是关于非金属矿物制品业的安置成本估算。我们在前文中利用行业总就业人数和去产能规模，得到了整个非金属矿物制品业的失业人员总数。但是，由于缺少更加详细的就业数据，我们无法得知水泥和平板玻璃行业各自的失业人数。这会对估计整个非金属矿物制品业的失业人员分布，乃至整个行业的去产能成本带来困扰。

针对这一问题，我们先是用非金属矿物制品业的总失业人数作为水泥行业的失业人数，然后按照各省水泥的产量分布算出失业分布，并加总计算出一个总失业安置成本。然后用同样的方法计算平板玻璃行业的总失业安置成本，最后取两者的平均值作为整个非金属矿物制品业的失业安置成本的估算值。

二是关于黑色金属矿采选业和有色金属矿采选业的安置成本估算。由于两类行业没有明确对应的产品种类，而且失业总数并不多，因此这两个行业仍按照初步估算的方法处理，即用全国制造业平均工资水平计算出安置成本，然后乘以行业失业的总人数。

三是关于有色金属冶炼和压延加工业的成本估算问题。因为有色金属行业的产品种类较多，且缺乏细分产品的数据，因此我们选取国家统计局每月公布的十种有色金属地区产量数据，作为整个行业地区分布的替代指标。

表4-4给出了2015年各地区最低工资标准。从表中可以看出，各地区的最低工资标准存在相当大的差距。最高的地区是上海，最低工资标准为2 020元，是广西最低工资标准的两倍还多。由此可见，将最低工资标准的地区差异考虑进来是十分必要的。

表4-4　　　　　2015年各地区最低工资标准　　　　　单位：元

地区	最低工资标准	地区	最低工资标准	地区	最低工资标准	地区	最低工资标准
北京	1 720	广西	1 000	江苏	1 270	陕西	1 190
上海	2 020	贵州	1 400	江西	1 180	四川	1 260
天津	1 850	海南	1 120	辽宁	900	西藏	1 150
重庆	1 400	河北	1 210	内蒙古	1 340	新疆	1 310
安徽	1 150	河南	1 300	宁夏	1 320	云南	1 180
福建	1 130	黑龙江	1 030	青海	1 250	浙江	1 380
甘肃	1 320	湖北	1 100	山东	1 300	吉林	1 128
广东	1 210	湖南	1 030	山西	1 320		

资料来源：Wind 数据库。

然后，我们按照之前的方法，将最低工资标准乘以2.5，就得到各地区制造业员工的平均工资水平。详见表4-5。

表4-5　　　　　各地区制造业员工平均工资水平　　　　　单位：元

地区	工资水平	地区	工资水平	地区	工资水平	地区	工资水平
北京	4 300	广西	2 500	江苏	3 175	陕西	2 975

续前表

地区	工资水平	地区	工资水平	地区	工资水平	地区	工资水平
上海	5 050	贵州	3 500	江西	2 950	四川	3 150
天津	4 625	海南	2 800	辽宁	2 250	西藏	2 875
重庆	3 500	河北	3 025	内蒙古	3 350	新疆	3 275
安徽	2 875	河南	3 250	宁夏	3 300	云南	2 950
福建	2 825	黑龙江	2 575	青海	3 125	浙江	3 450
甘肃	3 300	湖北	2 750	山东	3 250	吉林	2 820
广东	3 025	湖南	2 575	山西	3 300		

资料来源：Wind 数据库，后经作者处理。

接下来，如果采用支付一次性安置费的方法，则只需要将工资水平乘以 36，即得到各地区安置单个失业人员所需支付的费用。见表 4-6。

表 4-6 采用一次性安置费方法的各地区失业员工安置成本 单位：元

地区	安置成本	地区	安置成本	地区	安置成本	地区	安置成本
北京	154 800	广西	90 000	江苏	114 300	陕西	107 100
上海	181 800	贵州	126 000	江西	106 200	四川	113 400
天津	166 500	海南	100 800	辽宁	81 000	西藏	103 500
重庆	126 000	河北	108 900	内蒙古	120 600	新疆	117 900
安徽	103 500	河南	117 000	宁夏	118 800	云南	106 200
福建	101 700	黑龙江	92 700	青海	112 500	浙江	124 200
甘肃	118 800	湖北	99 000	山东	117 000	吉林	101 520
广东	108 900	湖南	92 700	山西	118 800		

如果采用经济补偿金方法，则需确定平均工龄水平。从企业的角度来看，辞退工龄较短的员工成本更小，但达成一致性的难度更大。相反，辞退工龄较长的员工成本较大，但更容易达成协议，因为这些职工可以在较短时间内领取退休金，同时也能获得较多的经济补偿金（见表 4-7）。2016 年初，武汉钢铁（集团）公司为完成去产能目标，一次性裁撤了大量员工，所遵循的裁员标准正是以大

龄工人为主。武钢的政策是在某个年龄段实行"一刀切"政策，超过年龄的全部裁撤。因此，工龄年限不应取太短，我们暂取 12 年作为平均工龄的估计。

表 4-7　采用经济补偿金方法的各地区失业员工安置成本　　单位：元

地区	安置成本	地区	安置成本	地区	安置成本	地区	安置成本
北京	51 600	广西	30 000	江苏	38 100	陕西	35 700
上海	60 600	贵州	42 000	江西	35 400	四川	37 800
天津	55 500	海南	33 600	辽宁	27 000	西藏	34 500
重庆	42 000	河北	36 300	内蒙古	40 200	新疆	39 300
安徽	34 500	河南	39 000	宁夏	39 600	云南	35 400
福建	33 900	黑龙江	30 900	青海	37 500	浙江	41 400
甘肃	39 600	湖北	33 000	山东	39 000	吉林	33 840
广东	36 300	湖南	30 900	山西	39 600		

最后，我们将该省份失业人数分别乘以两种安置方法，并分别加总，得到了两种安置方法下的成本支出。如表 4-8 所示，如果用经济补偿金的方法安置失业人员，那么各产能过剩行业及相关行业若要达到去产能的目标，要支付的安置资金总额为 1 654 亿元。如果用一次性安置费的方法安置失业人员，那么六大产能过剩行业及相关行业若要达到去产能的目标，要支付的安置资金总额为 4 961 亿元。如果两种方法相结合，那么假设每种方法各应用于 50% 的失业员工，要支付的安置资金总额就是 3 307.5 亿元。

表 4-8　两种安置方法下的失业员工安置资金总额估算　　单位：亿元

行业	安置资金总额 （经济补偿金）	安置资金总额 （一次性安置费）
黑色金属冶炼和压延加工业	290	870
煤炭开采和采选业	473	1 418

续前表

行业	安置资金总额（经济补偿金）	安置资金总额（一次性安置费）
非金属矿物制品业	546	1 639
造纸和纸制品业	163	488
有色金属冶炼和压延加工业	91	273
黑色金属矿采选业	63	188
有色金属矿采选业	29	87
总计	1 654	4 961

说明：每个行业的安置资金总额根据四舍五入原则取整，总计则是根据原始数据计算，与上述近似值之和存在误差。

现在，我们可以回答最开始提出的问题，那就是1 000亿元究竟能去掉多少产能（见表4-9）。如果完成去产能的目标意味着要花1 654亿元来安置失业员工，那么在每年拿出1 000亿元的情况下，要花1.65年才能完成去产能目标。而一旦我们用更高的标准去估算安置成本，这笔钱就会变成4 961亿元。在这种情况下，要想最终完成去产能的目标，则要花近5年的时间，每年只能完成去产能目标的20%。

表4-9　　　两种安置方法下1 000亿元对应的减产比例

行业	减产比例	1 000亿元对应的减产比例		
		经济补偿金	一次性安置费	两种方法结合
黑色金属冶炼和压延加工业	16.67%	10.08%	3.36%	5.04%
煤炭开采和采选业	20.00%	12.09%	4.03%	6.05%
非金属矿物制品业	14.00%	9.07%	3.02%	4.54%
造纸和纸制品业	20.00%	12.09%	4.03%	6.05%
有色金属冶炼和压延加工业	10.00%	6.05%	2.02%	3.02%
黑色金属矿采选业	16.67%	10.08%	3.36%	5.04%
有色金属矿采选业	10.00%	6.05%	2.02%	3.02%

上述结论是以"制造业平均工资水平是当地最低工资水平的

2.5倍"为条件得出的。如果我们按照最低工资水平的4倍来计算当地制造业的平均工资水平,那么最终的结果如表4-10和表4-11所示。此时,如果按照经济补偿金的方法安置失业员工,则总的安置成本就是2 646亿元。如果用一次性安置费的方法安置员工,总的安置成本则高达7 938亿元。如果两种方法相结合,假设每种方法各应用于50%的失业员工,要支付的安置资金总额就是5 292亿元。

假如每年中央补贴1 000亿元作为安置失业人员的成本,那么少则2.6年、多则8年才能完成全部的去产能任务。

表4-10　4倍最低工资标准情况下的失业员工安置资金总额　单位:亿元

行业	安置资金总额 (经济补偿金)	安置资金总额 (一次性安置费)
黑色金属冶炼和压延加工业	464	1 392
煤炭开采和采选业	756	2 268
非金属矿物制品业	874	2 622
造纸和纸制品业	260	780
有色金属冶炼和压延加工业	146	437
黑色金属矿采选业	100	300
有色金属矿采选业	46	139
总计	2 646	7 938

表4-11　　4倍最低工资标准情况下两种处置方法中
1 000亿元对应的减产比例

行业	减产比例	1 000亿元对应的减产比例		
		经济补偿金	一次性 安置费	两种方法 结合
黑色金属冶炼和压延加工业	16.67%	6.31%	2.10%	3.14%
煤炭开采和采选业	20.00%	7.58%	2.52%	3.77%

续前表

行业	减产比例	1000亿元对应的减产比例		
		经济补偿金	一次性安置费	两种方法结合
非金属矿物制品业	14.00%	5.68%	1.89%	2.83%
造纸和纸制品业	20.00%	7.58%	2.52%	3.77%
有色金属冶炼和压延加工业	10.00%	3.79%	1.26%	1.89%
黑色金属矿采选业	16.67%	6.31%	2.10%	3.15%
有色金属矿采选业	10.00%	3.79%	1.26%	1.89%

　　至此，我们给出了整个估算过程和估算结果。不难发现，整个估算逻辑并不复杂。我们先是对问题进行了初步估算，然后进行了改进。有趣的是，初步估算方法虽然简单，但初步估算的结果和经过修正后的结果差距并不大。由此可见，整个估算体系具有比较好的稳健性。对其中任何环节的优化和改进会不断提高估算的精确度，但估算结果的量级水平不会发生重大改变。

　　在本章的最后一部分，我们要讨论的问题是这些补贴应如何在各个地区之间进行分配，也就是1000亿元的蛋糕该怎么分。

七、1000亿元的蛋糕怎么分？

　　作为本章的最后一部分，我们来讨论一个很现实的问题：这1000亿元的补贴究竟该如何分配呢？显然，最合理的分配方式当然是按需分配。这就是说，哪些地区要承担的去产能成本更高，哪些地区就应该获得更多的补贴。

　　结合之前的估算数据，可以得出全国31个省市区去产能的地区总成本。表4-12给出了钢铁、平板玻璃、水泥、造纸、煤炭、有色六个行业在各地区的总成本及占全部安置成本的比重。

其中，对平板玻璃和水泥两个行业去产能成本的估算涉及两个行业的失业人员分布。借鉴之前的处理方式，假设整个非金属矿物制品业的失业人员平均分布在这两个行业，然后得出各自的失业分布情况。如前所述，这种估算方法虽然精确度有待提高，但能够保证估算量级的准确性。此外，前面已经提到，黑色金属矿采选业和有色金属矿采选业缺乏具体的地区产量数据，而且失业人员规模和对应的去产能成本体量不大，因此在这部分的分析中暂不予以考虑。

如表4-12所示，山东省、山西省、河北省和内蒙古自治区四个地区的去产能总成本较高，占全国去产能总成本的比重分别为10.75％、9.77％、8.50％和9.26％，处在去产能的第一线。紧随其后的地区是河南省、江苏省、陕西省和安徽省，占比分别为5.66％、5.46％、4.95％、3.95％。出乎意料的是，辽宁省、吉林省和黑龙江省面临的去产能成本并不高，三个地区的占比之和还不及安徽一省。由此可见，东北三省面临的产能过剩问题或许并没有我们想象的那么严重。同时，东北三省的僵尸企业问题虽然比较严重，但绝非产能过剩所致。关于产能过剩与僵尸企业的关系，我们会在第五章进行详细探讨，此处不再赘述。

图4-2给出了各省市人均GDP与当地去产能成本的散点图，黑色的虚线为拟合出的趋势线。我们用各省市人均GDP来表示该地区的发展水平，尝试用指数函数、对数函数、线性函数以及多项式函数进行拟合，最终发现二次多项式的拟合优度最高。如图所示，地区发展程度与其面临的去产能成本呈现出明显的"倒U形"特征。也就是说，去产能成本占比较高的地区并非最贫穷的地区，也不是最富有的地区，反而是中等发达地区。这一点同之前我们发现的僵尸企业的地区分布特征十分相似。

表 4 - 12   全国 31 个省市区去产能成本估算结果

	钢铁（万元）	平板玻璃（万元）	水泥（万元）	造纸（万元）	煤炭（万元）	有色（万元）	地区总成本（万元）	地区成本占比
北京	76	2 794	9 001	0	7 178	0	19 048	0.12%
天津	112 462	165 445	13 601	0	0	1 020	292 529	1.87%
河北	669 537	405 338	103 803	42 948	100 651	4 609	1 326 886	8.50%
山西	149 207	51 543	44 490	2 659	1 258 866	18 540	1 525 305	9.77%
内蒙古	68 316	40 134	73 574	48	1 197 357	66 302	1 445 731	9.26%
辽宁	160 553	35 344	38 658	5 296	47 432	11 990	299 272	1.92%
吉林	35 358	13 854	38 233	2 752	23 112	117	113 426	0.73%
黑龙江	12 666	11 024	29 421	3 135	62 010	0	118 256	0.76%
上海	105 874	0	8 281	0	0	870	115 026	0.74%
江苏	410 299	174 281	216 306	19 467	24 571	7 923	852 846	5.46%
浙江	64 670	178 892	147 265	12 015	0	11 130	413 973	2.65%
安徽	84 678	74 054	142 277	7 961	271 172	36 229	616 372	3.95%
福建	52 676	158 848	82 761	33 132	15 994	6 193	349 604	2.24%
江西	76 659	12 521	105 299	30 476	25 771	30 138	280 864	1.80%
山东	252 842	269 833	186 511	601 144	196 143	171 997	1 678 470	10.75%
河南	110 674	36 606	203 617	274 759	165 120	92 574	883 349	5.66%
湖北	94 371	286 821	117 411	10 420	9 279	16 095	534 396	3.42%
湖南	56 074	60 532	113 101	82 834	62 938	34 118	409 595	2.62%
广东	62 634	242 563	165 770	128 423	0	6 152	605 541	3.88%
广西	63 055	17 291	104 563	109 774	4 187	23 766	322 636	2.07%
海南	787	0	23 564	134 188	0	0	158 539	1.02%
重庆	28 363	50 714	89 996	20 702	47 577	11 678	249 030	1.60%
四川	72 108	181 494	167 270	25 889	42 336	7 361	496 459	3.18%
贵州	19 186	33 641	131 173	20 538	231 370	16 696	452 605	2.90%
云南	49 168	20 699	103 819	26 928	57 180	64 181	321 975	2.06%
西藏	0	61 549	5 088	0	0	0	66 637	0.43%
陕西	35 920	5 526	96 539	7 949	593 126	33 347	772 407	4.95%
甘肃	33 049	13 817	59 461	8 845	57 620	57 168	229 961	1.47%

续前表

	钢铁 （万元）	平板 玻璃 （万元）	水泥 （万元）	造纸 （万元）	煤炭 （万元）	有色 （万元）	地区总 成本 （万元）	地区成 本占比
青海	4 429	0	20 618	0	30 985	39 272	95 305	0.61%
宁夏	0	30 416	21 747	0	104 368	24 592	181 123	1.16%
新疆	28 468	14 234	50 766	0	174 075	115 728	383 271	2.46%
总计	2 914 159	2 649 807	2 713 984	1 612 282	4 810 421	909 786	15 610 438	100.00%

说明：因四舍五入原因，加总数据略有出入。

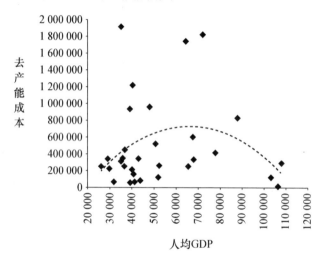

图 4-2　各地区人均 GDP 和去产能成本的相关性检验

资料来源：Wind 数据库，作者自己计算。

经前文分析可知，对于六大产能过剩行业的去产能目标而言，1 000 亿元的去产能专项资金恐怕并不够。1 000 亿元去产能基金的提法最初源自 2016 年的政府工作报告。报告原文如下：

　　着力化解过剩产能和降本增效。重点抓好钢铁、煤炭等困难行业去产能，坚持市场倒逼、企业主体、地方组织、中央支持，运用经济、法律、技术、环保、质量、安全等手段，严格控制新增产能，坚决淘汰落后产能，有序退出过剩产能。采取兼并重组、债务重组或破产清算等措施，积极稳妥处置"僵尸企业"。完善财政、金融等支持政策，中央财政安排 1 000 亿元专项奖补资金，重点用于职工分流安置。

可见，最初提出 1 000 亿元专项奖补资金时并未明确是否要支持特定行业。后来，1 000 亿元的资金才确定仅用于钢铁和煤炭两个行业。2016 年 5 月，财政部印发了《工业企业结构调整专项奖补资金管理办法》。该文件中提到，中央财政设立工业企业结构调整专项奖补资金，对地方和中央企业化解钢铁、煤炭行业过剩产能工作给予奖补。专项奖补资金规模为 1 000 亿元，实行梯级奖补。其中，基础奖补资金占资金总规模的 80%，结合退出产能任务量、需安置职工人数、困难程度等按因素法分配；梯级奖补资金占资金总规模的 20%，和各省份、中央企业化解过剩产能任务完成情况挂钩，对超额完成目标任务量的省份、中央企业，按基础奖补资金的一定系数实行梯级奖补。专项奖补资金由地方政府和中央企业统筹用于符合要求的职工分流安置工作。

如果把 1 000 亿元仅用在钢铁和煤炭两个行业上，那么在理想情况下，1 000 亿元的去产能资金是足够的。这个理想情况就是：(1) 各地区制造业的平均工资水平只是最低工资标准的 2.5 倍；(2) 主要以经济补偿金的方式安置失业员工，且员工工龄在 12 年左右。倘若现实情况不满足以上两个条件中的任意一个，哪怕仅考虑钢铁和煤炭两个行业，完成去产能目标所需的人员安置成本也要超过 1 000 亿元。

假设我们正处在最理想的情况下，那么煤炭和钢铁两个行业的失业人员安置成本总额约为 770 亿元。其中，煤炭行业的人员安置成本约为 480 亿元，钢铁行业的人员安置成本约为 290 亿元。表 4-13 给出了全国 31 个省市区钢铁行业和煤炭行业的去产能成本。如表所示，钢铁和煤炭行业去产能成本的集中度都非常高。其中，钢铁行业的去产能成本主要集中在河北省和江苏省两个地区，煤炭行业的去产能成本主要集中在山西省和内蒙古自治区两个地区。

具体来说，河北省和江苏省两个省的钢铁去产能成本最高，两者之和占整个钢铁行业去产能成本的 37％。其次是山东省、辽宁省和山西省，占比分别为 8.68％、5.51％和 5.12％。上述五个地区占整个钢铁行业去产能成本的一半以上，其余省份钢铁行业的去产能压力都比较轻。

煤炭行业去产能成本的集中度比钢铁行业还要高。仅山西省和内蒙古自治区两个地区的去产能成本就占整个煤炭行业去产能成本的 50％以上。排名第三位的是陕西省，占比为 12.33％，其余省份的占比都相对较小。

从整体来看，山西省、内蒙古自治区、河北省和陕西省四个地区是本轮去产能任务的主战场。仅这四个地区，就占钢铁和煤炭两个行业去产能成本总和的 50％以上。因此，如果从按需分配的逻辑出发，中央设立的 1 000 亿元去产能补贴资金应重点分配到这四个地区。

如果现实情况与理想条件不符，比如制造业工资水平比预想的要高或者实际失业的员工以工龄较长的人员为主，那么去产能的成本就会相应增加。但是，这只会改变去产能成本的绝对规模，去产能成本的地区分布情况会保持稳定，不会出现重大变化，上述分析的核心观点也就不会受到影响。

表 4 - 13　　　　　　钢铁、煤炭行业去产能成本的地区分布

	钢铁(万元)	煤炭(万元)	总额(万元)	钢铁占比	煤炭占比	总占比
北京	76	7 178	7 253	0.00％	0.15％	0.09％
天津	112 462	0	112 462	3.86％	0.00％	1.46％
河北	669 537	100 651	770 189	22.98％	2.09％	9.97％
山西	149 207	1 258 866	1 408 073	5.12％	26.17％	18.23％
内蒙古	68 316	1 197 357	1 265 673	2.34％	24.89％	16.39％
辽宁	160 553	47 432	207 985	5.51％	0.99％	2.69％
吉林	35 358	23 112	58 469	1.21％	0.48％	0.76％
黑龙江	12 666	62 010	74 676	0.43％	1.29％	0.97％

续前表

	钢铁（万元）	煤炭（万元）	总额（万元）	钢铁占比	煤炭占比	总占比
上海	105 874	0	105 874	3.63%	0.00%	1.37%
江苏	410 299	24 571	434 870	14.08%	0.51%	5.63%
浙江	64 670	0	64 670	2.22%	0.00%	0.84%
安徽	84 678	271 172	355 851	2.91%	5.64%	4.61%
福建	52 676	15 994	68 669	1.81%	0.33%	0.89%
江西	76 659	25 771	102 430	2.63%	0.54%	1.33%
山东	252 842	196 143	448 985	8.68%	4.08%	5.81%
河南	110 674	165 120	275 793	3.80%	3.43%	3.57%
湖北	94 371	9 279	103 650	3.24%	0.19%	1.34%
湖南	56 074	62 938	119 012	1.92%	1.31%	1.54%
广东	62 634	0	62 634	2.15%	0.00%	0.81%
广西	63 055	4 187	67 243	2.16%	0.09%	0.87%
海南	787	0	787	0.03%	0.00%	0.01%
重庆	28 363	47 577	75 941	0.97%	0.99%	0.98%
四川	72 108	42 336	114 445	2.47%	0.88%	1.48%
贵州	19 186	231 370	250 556	0.66%	4.81%	3.24%
云南	49 168	57 180	106 348	1.69%	1.19%	1.38%
西藏	0	0	0	0.00%	0.00%	0.00%
陕西	35 920	593 126	629 046	1.23%	12.33%	8.14%
甘肃	33 049	57 620	90 669	1.13%	1.20%	1.17%
青海	4 429	30 985	35 415	0.15%	0.64%	0.46%
宁夏	0	104 368	104 368	0.00%	2.17%	1.35%
新疆	28 468	174 075	202 543	0.98%	3.62%	2.62%
总计	2 914 159	4 810 421	7 724 580	100.00%	100.00%	100.00%

说明：因四舍五入原因，加总数据略有出入。

第五章

僵尸企业与去产能、去杠杆

一、当僵尸企业遇上产能过剩

当前，政府部门将处置僵尸企业视作去除产能过剩的牛鼻子。倘若把去产能作为处置僵尸企业的最终目标，背后的逻辑就应该是：僵尸企业是造成产能过剩的重要原因。仅凭逻辑推导，僵尸企业导致产能过剩，产能过剩会造成更多僵尸企业，由此形成恶性循环。第三章和第四章的研究也发现，产能过剩比较严重的行业和地区往往僵尸企业也比较集中。

吊诡的是，国际经验表明，产能过剩与僵尸企业并非总是经常同时出现，但中国的僵尸企业和产能过剩曾两度相遇。僵尸企业与产能过剩之间究竟是什么关系？僵尸企业是造成本轮产能过剩的直接原因吗？当前阶段，处置这些僵尸企业是否能够达到去产能的目标？

（一）理想很丰满

如果我们抛开现实，仅凭逻辑推导的话，僵尸企业和产能过剩之间可以有明确的逻辑关系。

一方面，僵尸企业可以导致并恶化产能过剩。僵尸企业本就是那些该被市场淘汰的企业，市场退出机制失灵导致这些企业不能及时退出市场。市场退出机制失灵的原因有时是政府出面干预，有时是银行为了规避不良贷款而支持落后企业，还有的时候是银行押宝企业会起死回生而提供帮助。无论如何，如果僵尸企业能凭借外部资金的支持继续维持生产，相应的生产能力也就持续存在。这些生产能力本就该随着僵尸企业的破产而淘汰，却因为僵尸企业继续存活而保留下来，自然就成为过剩产能。如此一来，随着特定行业内僵尸企业的数量增加，过剩产能就会越来越多。

另一方面，产能过剩也可以导致僵尸企业。产能过剩的最直接影响就是造成持续的供大于求，从而压低产品价格。在成本不变的情况下，产品价格下降就意味着企业的盈利水平在降低。随着企业的盈利水平持续下降，企业的现金流就会不断恶化，原本能够正常盈利的企业就有可能出现亏损。在这种情况下，企业无法按时偿还银行贷款本息的风险就会增加，甚至会逐渐走向资不抵债。银行和地方政府出于各自的利益——银行为规避不良贷款，地方政府为保证税收和就业——就会选择帮助这些亏损企业生存下去，僵尸企业就此诞生。

僵尸企业和产能过剩之间会形成恶性循环。僵尸企业迟迟不能退出导致过剩产能规模提高，进而给产品价格造成下行压力。价格下行导致企业利润率下降，现金流紧张，还贷压力增加，最终导致产生更多的僵尸企业（见图 5-1）。

一旦进入恶性循环，竞争逻辑就成了"剩者为王"。价格持续低迷会吞噬优质企业的利润。一旦好的企业经不住折腾，要么选择

117

破产，要么学习僵尸企业的"成功经验"，加入僵尸企业的大军，市场演化的结果就会变成"劣币驱逐良币"。

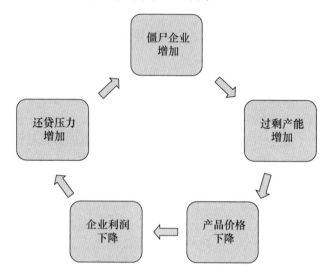

图 5-1　僵尸企业与产能过剩之间的恶性循环

（二）现实很骨感

吊诡的是，国际经验表明，僵尸企业与产能过剩并非总是同时出现。

日本的产能过剩问题集中出现在 20 世纪 70 年代末，而僵尸企业问题则是在 20 世纪 90 年代房地产泡沫爆发之后才出现的。20世纪 70 年代末，日本人均 GDP 已经超过 8 000 美元，同期美国人均 GDP 为 10 000 美元。由此可知，20 世纪 70 年代末的日本已经成为发达经济体，这种情况下出现的产能过剩就应该理解为是日本经济走向成熟、产业转型升级的结果。到了 20 世纪 90 年代初，日本房地产泡沫破裂导致房地产抵押价值大幅缩水，许多企业很快就陷入资不抵债、技术性破产的境地。银行部门为了掩盖不良贷款，选择对这些企业进行救助，从而导致大量僵尸企业出现。由此可见，日本的产能过剩和僵尸企业并未出现在同一时期。

美国的产能过剩问题集中出现在两个时期，第一次是20世纪40年代末，第二次是20世纪八九十年代。第一次出现产能过剩的原因是二战结束之后，全球对工业品的需求快速下降，美国工业品出口骤减，国内相关领域出现严重的产能过剩。随后，美国通过实施"马歇尔计划"刺激了国内的工业生产和对外贸易，及时消化了美国的过剩产能。第二次出现产能过剩的根本原因是前一轮政府主导的投资过热，美国采取的应对策略是全面减少政府对经济的干预，最终成功走出衰退。

美国第一次出现僵尸企业是20世纪80年代。当时，美国有很多联邦储蓄贷款保险公司因过度放贷而负担了过多的呆账和坏账，政府为避免这些公司倒闭而对其提供持续的救助，这些公司因此成为僵尸企业。随后，受"9·11"事件影响，美国航空业受到巨大打击，行业利润整体下滑，部分航空公司成为典型的僵尸企业。2008年全球金融危机爆发之后，包括美国在内的发达国家均出现了不同程度的僵尸企业问题。

总的来说，发达国家曾经面临的产能过剩，大多都是经济走向成熟的过程中，产业结构升级带来的结果。僵尸企业的出现并非经济发展的必然结果，往往是周期因素或外需冲击导致企业盈利或资产受到冲击。不难看出，绝大多数情况下，僵尸企业既不是产能过剩的因，也不是产能过剩的果。

（三）上一世的相遇

严格地说，中国并不是第一次遇到僵尸企业，僵尸企业也不是第一次遇到产能过剩。20世纪90年代，僵尸企业曾以困难国有企业的面目出现过。1993年，国有企业实现利润1 929亿元，利润总额是当时前后数年中最高的年份。然而，当年全国国有资产利润率仅为 1.3%，国有企业中亏损户数达到 11.6 万户，煤炭、纺织、粮食及城市公用部门全行业亏损。1993 年，全国国有企业资产负债率高达 87%，其中金融部门 97%，非金融企业 71.7%，中央企业资产负债率更是高达 90%。1994 年以后，国有企业实现的利润持续下滑，从 1 356 亿元下降到 214 亿元。1996 年前四个月，全国 6.88 万户独立核算国有工业企业居然出现净亏损的局面，这是中华人民共和国成立以来第一次出现。

显然，这些陷入经营困难的国有企业正是典型的僵尸企业。这些企业偿债能力极差，如果从流动资产的流动性状况看，相当多的企业没有偿债能力，处于破产的境地。尽管这些国有企业负债累累，生产处于停产状态，不少企业靠银行贷款发工资，却没有及时退出市场，反而是依靠银行即国家支持，继续生存下去。

这一次，产能过剩同时出现了。1992 年党的十四大提出"建立社会主义市场经济体制"和"国有企业建立现代企业制度"的目标，市场经济和现代企业经营自主权的扩大掀起了一轮新的投资高潮。在此背景下，企业普遍对市场空间预期过于乐观，盲目投资、蜂拥而上和重复建设导致 1992—1996 年间陆续积累了大量的过剩产能。1997—1998 年亚洲金融危机对中国的出口产生了直接的压力，需求端的压力传导至供给端，暴露了前期企业过度扩张产生的一系列问题。20 世纪 90 年代，纺织、家电等轻工业、消费品行业出现了比较严重的产能过剩，工业企业利润率出现下滑，企业疲于偿债，在当时被普遍认为是一个主要问题。

随后，中国政府多管齐下以应对产能过剩和国企亏损的双重困境。在这一过程中，政府通过行政手段直接下达任务完成去产能，并明确了国企要在三年之内实现"扭亏脱困"的目标。同时，政府还实施了一系列配套政策，包括直接的财政补贴和贷款补贴、提高出口退税率以及实施债转股等，顺利化解了产能过剩，众多中小亏损国企最终走向破产清算。

此后的十余年里，据我们粗略统计，2000—2015 年间，国务院针对去产能共发布 17 份综合性文件，工信部、发改委等职能部门针对具体行业共发布 23 份指导性意见。其中，中央至少有 5 次把去产能作为核心施政目标，分别是 2004 年 4 月、2006 年 3 月、2009 年 9 月、2010 年 4 月和 2013 年 4 月（见图 5 - 2）。

　　然而，从实际情况来看，这些政策效果并不明显。以钢铁行业为例，2004 年首次限制钢铁行业产能增加时，粗钢当年的产量为 2.8 亿吨。10 年后的 2013 年，中央第五次提出要加大钢铁行业去产能力度时，粗钢当年的产量为 7.8 亿吨，产量比十年前增加了 5 亿吨，增幅为 179%。其他产能过剩行业的情况大抵如此。

　　究其原因，过于依赖技术指标是去产能失败的主因。如果是用诸如环保、科技、规模等技术性指标作为去产能的主要工具，可操作性强，也能够有效去除大部分落后产能，却无法抑制地方政府增加新产能的冲动。实践表明，多数企业十分乐于借助此类政策获得政府的环保补贴等财政资金支持，与此同时企业也会实现新一轮的产能扩张。

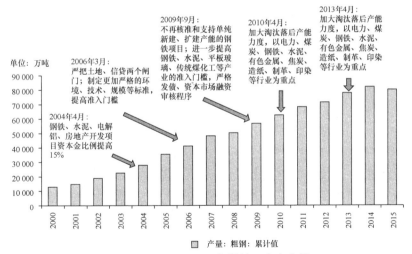

图 5 - 2　2000—2015 年间的 5 次去产能

资料来源：Wind 数据库，后经作者处理。

眼看着过剩产能越去越多，政府自然需要新的抓手。在此背景下，发改委在 2015 年底提出要把积极稳妥地处置僵尸企业作为化解产能过剩的"牛鼻子"。时隔 18 年，僵尸企业和产能过剩再次相遇。

（四）为何有如此缘分？

为何产能过剩与僵尸企业在发达国家总是有缘无分，在中国却有如此缘分？不难发现，僵尸企业和产能过剩的两次正式相遇都有类似的宏观背景，即外部冲击导致经济面临下行压力。经济下行导致需求减少，供需矛盾变得尖锐，过剩产能规模增加。同样，在经济下行时，企业利润受到挤压，现金流恶化，偿债压力增大，因此成为僵尸企业的概率就会大大增加。可以说，经济周期因素是导致产能过剩和僵尸企业问题爆发的导火索。

导火索找到了，可火药桶是从哪里来的呢？除了相同的宏观背景，僵尸企业和过剩产能两次相遇之前都曾经历过大规模的政府主导的投资。1992 年党的十四大提出"建立社会主义市场经济体制"和"国有企业建立现代企业制度"的目标，市场经济和现代企业经营自主权的扩大掀起了一轮新的投资高潮。在此背景下，企业普遍对市场空间预期过于乐观，盲目投资、蜂拥而上和重复建设导致 1992—1996 年间陆续积累了大量的过剩产能。为抵御 2008 年全球金融危机带来的外部冲击，中国政府推出了总规模达 4 万亿元的财政刺激计划，并由此带动了数十亿元的地方投资。这些投资大多涌向基础设施领域和房地产行业，大幅刺激对钢铁、水泥、煤炭等行业的需求。经济很快触底回升，但表现出明显的后劲不足。随着人为制造的需求快速回落，产能过剩问题愈演愈烈。企业经营环境恶化，利润受到挤压，僵尸企业逐渐浮出水面。

因此，政府过度干预经济是僵尸企业和产能过剩出现的共同根源。当前，地方政府的两大基本目标是促增长和保就业。促增长对官员是正向激励，保就业是地方执政的底线。政府在刺激消费方面很难发力，但在刺激投资上得心应手。有投资就有增长，有增长就有就业，但政府会相对忽视效率和公平。因此，政府主导投资的重点不是效率而是规模，所涉及的行业自然就是可以吸纳大量投资的重资产行业，如钢铁。再加上地区之间的恶性竞争，过度投资进而导致重资产行业产能过剩几乎是必然的结果。

重资产行业出现的严重产能过剩是无效投资的直接后果，无效投资的主体就是僵尸企业。这些无效投资中，不乏完全满足甚至超过各类技术指标的产能。这些"高效产能"在满足技术指标的同时，必然会导致成本增加——购买更加先进的生产设备和环保设施等。但是，市场需求并没有同时增加，这些所谓的"高效产能"在增加成本的同时并没有提高产品的价格，反而是真正的无效产能。更不用说那些广泛存在于僵尸企业中、纵然亏本还要维持生产的低效产能了。

总之，按照这个逻辑，妥善处置僵尸企业自然可以实现去产能的目标。实际数据也给出了相同的结论。从前两章的分析可以看出，产能过剩比较严重的行业和地区，僵尸企业占比也都比较高。

但是，处置僵尸企业对去产能来说只是治标，治本则需要消除政府干预经济的内在冲动。僵尸企业和产能过剩根源于共同的土壤，即政府"促增长"和"保就业"的双重目标。只要政府目标和激励机制不变，僵尸企业和产能过剩问题就只能暂时缓解。一旦新的时机成熟，过度投资导致的过剩产能就会再次出现，僵尸企业也会如影相随。僵尸企业和产能过剩犹如一场皮影戏中的两个角色，只要政府还在背后继续干预经济，两者总会再次相遇。

二、僵尸企业与去杠杆

（一）僵尸企业会导致整体杠杆率上升

无论是银行还是地方政府，要救助僵尸企业就必须要持续提供资金支持。其中，银行为僵尸企业提供的资金支持就是贷款，也就是无论企业本身有多差，银行都会给企业放贷。这就意味着企业负债不断增加，企业的杠杆率因此越来越高。地方政府为僵尸企业提供的资金支持就是各类显性或隐性的补贴。但是，地方政府本身并不产生盈利，又无法像银行那样能创造信用，所以这部分供给僵尸企业的资金，最后就会成为地方政府的负担，导致地方政府的杠杆率增加。

正因如此，僵尸企业往往和当前杠杆率过高的问题联系在一起。近年来，中国的债务问题已经成为国际社会普遍关注的焦点。有些国际机构认为当前中国债务负担过重，可能会爆发债务危机。例如，英国《经济学人》杂志在 2015 年 5 月初的一篇文章中谈到，中国的债务与 GDP 之比在 10 年内从 150％飙升至 260％，中国的不良贷款在两年内翻了一番，约有 40％的新增贷款是用于支付已有贷款的利息，并认为这些都是爆发债务危机的前兆。

但是，中国的债务问题并不简单表现为整体债务水平过高，而是具有比较突出的结构性特点。这种结构性特点表现为，中央政府的债务水平并不高，地方政府的债务水平增长速度比较快。同时，企业部分的负债率较高，特别是非金融企业负债率较高。根据中国社会科学院李扬的测算，非金融企业负债率高达 156％，其中 65％

来自国企。

　　反观中国当前的僵尸企业问题，正好与上述债务结构特点相对应。第二章的分析表明，就帮助僵尸企业活下来而言，政府正发挥着越来越重要的作用。第三章的分析则表明，国有企业更容易成为僵尸企业。从这个角度来看，僵尸企业也是造成当前中国经济杠杆率过高的原因之一。接下来，我们来看一下僵尸企业与地方债务和企业杠杆之间究竟有怎样的关系。

（二）僵尸企业与地方债务

　　我们用2015年末该省或直辖市需要偿还的债务余额与当年当地财政收入之比来衡量地区债务杠杆率。图5－3至图5－6给出了中国28个省市区僵尸企业占比与该地区债务杠杆率之间的关系。其中，贵州省、青海省、西藏自治区三个地区无法找到最新的债务余额数据，我们在分析中暂未考虑。

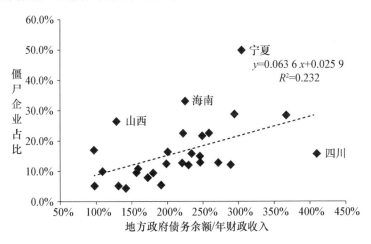

图5－3　僵尸企业与地方债务规模的相关性分析（连续亏损法）

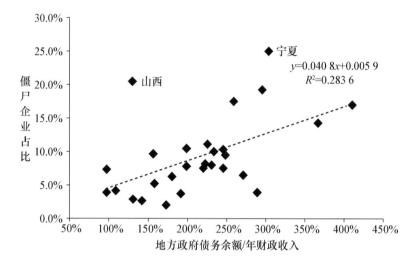

图 5 - 4　僵尸企业与地方债务规模的相关性分析（过度借贷法）

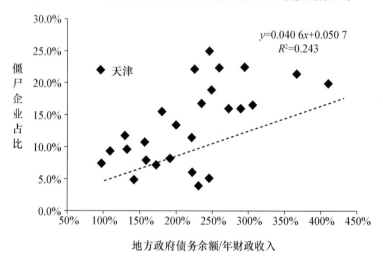

图 5 - 5　僵尸企业与地方债务规模的相关性分析（综合性方法）

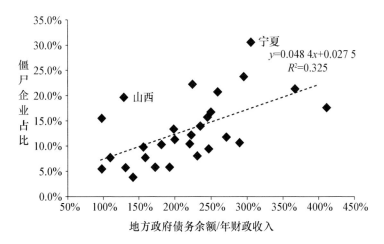

图5-6　僵尸企业与地方债务规模的相关性分析（三种方法均值）

图5-3到图5-5分别用连续亏损法、过度借贷法和综合性方法测度出僵尸企业在各地区的占比数据。图5-6使用三种多条件识别方法给出僵尸企业在各地区的占比数据平均值。如2015年，北京市用连续亏损法识别出的僵尸企业占比是4.4%，用过度借贷法识别出的僵尸企业占比是2.7%，用综合性方法识别出的僵尸企业占比是4.9%，则在图5-6中，2015年北京地区僵尸企业的占比取上述三种方法的平均值，即4.0%。

从图5-3至图5-6可以看出，中国各地区杠杆率与当地的僵尸企业占比基本成正相关关系。其中，三种方法的平均值拟合程度最高，过度借贷法的线性拟合度其次，综合性方法和连续亏损法的拟合度更低一些。与此同时，也有部分地区的债务杠杆率和僵尸企业占比呈现出明显的偏离。

具体来看，在连续亏损法的测度下，海南省、山西省、四川省和宁夏回族自治区四个地区偏离程度较大。在过度借贷法的测度下，宁夏回族自治区和山西省两个地区的偏离程度较大。在综合性方法的测度下，天津市的偏离程度较大。如果从三种测度方法的平均结果来看，宁夏回族自治区和山西省两个地区偏离度较大。

如何理解这种偏离呢？

首先，连续亏损法、过度借贷法和平均测度的结果都发现，宁夏回族自治区的偏离度较高，或者说相对于宁夏当地政府的杠杆率，当地僵尸企业占比太高了。2015年，连续亏损法下的宁夏地区僵尸企业高达50％，三种方法平均占比为30.6％。从第三章的分析可知，宁夏等地僵尸企业占比较高的主要原因是基数效应，即当地上市公司数量过少，少数几家僵尸企业即可导致僵尸企业占比突增。2015年，全部样本公司中宁夏回族自治区的上市公司数量仅为12家，排名倒数第三。即便是综合性方法测度出其中仅有2家僵尸企业，但占比仍高达16.7％，超过了当年的全国平均水平。因此，宁夏回族自治区出现偏离的主要原因是基数效应导致僵尸企业占比虚高。

其次，除宁夏回族自治区外，连续亏损法、过度借贷法和平均测度的结果都指出山西省的偏离度也较高。山西省出现偏离的原因是否跟宁夏地区一样，也是基数原因呢？恐怕没那么简单。2015年，全部样本公司中山西省的上市公司数量为34家，排第20名，属于数量中等偏下的省份。同时，三种方法测度下的山西省僵尸企业占比分别为26.5％、20.6％、11.8％，并非特别高的比例。

可见，僵尸企业占比过高不是山西省出现偏离的原因。根据山西省财政厅公布的数据，2015年山西省的政府债务余额为2 122.8亿元。按照我们给出的衡量地区债务杠杆率的方法，山西省的杠杆率在全国排名倒数第4，仅为129％。由此观之，山西省出现偏离的原因并非僵尸企业占比相对地区杠杆率过高，而是地区杠杆率相对僵尸企业占比过低。虽然山西省政府的债务负担并不重，但是企业部门，特别是煤炭企业的负债却相当高。根据《新京报》的数据，

2015 年山西七大国有煤企负债总额突破 1.1 万亿元，达到 11 119.83 亿元。[①] 其中，全国第三大、山西第一大煤企同煤集团的负债规模达 2 192.09 亿元，几乎等于山西省的政府负债余额。特殊的负债结构导致山西省政府的负债规模不高，进而使山西省的杠杆率相对于僵尸企业占比偏小。

最后，综合性方法下的分析结果表明，天津市的偏离度较高。一方面，天津市的僵尸企业规模在综合性方法的测度结果中排前 5 名，属于僵尸企业较多的地区。另一方面，2015 年天津市政府债务余额规模仅为 2 592 亿元，杠杆率全国最低，仅为 97%。简言之，天津市的僵尸企业占比很高，而杠杆率又很低，很难判断两者谁是造成偏离的主因。

要理解天津市出现偏离的原因，要从测度方法和天津市的财力两方面入手。从方法来看，相对于其他两种多条件识别方法，综合性方法更多地关注到了政府部门对僵尸企业的补贴帮助。与宁夏、山西等地不同，天津是标准的发达地区。2015 年，天津市人均 GDP 为 107 960 元，比北京市还高；地方公共财政收入 2 667 亿元，全国排名前十。这意味着天津市政府部门有足够的财力去补贴企业，而不至于负债过高。

综上分析可知，僵尸企业和地方债务问题之间有比较显著的相关性。当然，僵尸企业只是造成地方债务积累的原因之一，并不能完全解释地方债务问题。但是，僵尸企业毕竟是造成地方政府债务积累的重要原因，虽然不是最主要的原因。因此，本部分研究结论对应的政策含义十分明确：在化解地方政府债务的过程中，应下大力气处置地方上的各类僵尸企业。否则，单纯通过债务置换、债务减免等政策减少地方政府的债务规模只会是治标不治本。

---

① 七大国有煤企分别是：焦煤集团、同煤集团、潞安集团、晋煤集团、阳煤集团、晋能集团、山煤集团。

（三）僵尸企业中的国有企业

如前所述，中国的高杠杆率问题主要体现为非金融企业部门债务水平较高，尤以国有企业为甚。这一点与第三章的研究结论颇为契合。我们在第三章分析僵尸企业的特征时发现，2007—2014年间国有企业确实更容易成为僵尸企业。接下来我们要研究的是，这些成为僵尸企业的国有企业表现出了哪些"异常"的特征？它们是否具有更高的杠杆率，并因此成为导致非金融企业部门杠杆率高企的主要推手？

表5-1到表5-3分别给出了过度借贷法、综合性方法和连续亏损法下，2007—2015年不同类型的僵尸企业资产负债率的均值和方差比较。之所以同时给出方差数据，是因为方差反映出了资产负债率的分布情况。如果方差相对较小，则表明僵尸企业的资产负债率分布情况相对集中，均值也就更能反映整体的相对情况。此外，还有两点需要说明。一是过度借贷法缺少2007年和2011年的比较数据。这是因为这两年过度借贷法测度出的僵尸企业总数分别为5家和4家，数量太少，难以进行均值和方差的比较。二是为了避免极端值的影响，我们在所有样本中删除了个别资产负债率超过200％的异常企业样本。

首先来分析过度借贷法的数据。如表5-1所示，在均值方面，除了2012年和2013年两年，国有僵尸企业资产负债率的均值一直小于非国有僵尸企业。在方差方面，两类企业没有表现出有规律性的相对大小关系。2015年，国有僵尸企业在均值和方差方面均小于非国有僵尸企业，即国有僵尸企业的杠杆率更低。这一点与我们之前的猜测有所不同。之所以会出现这种情况，是因为过度借贷法的条件之一就是公司的资产负债率在前30％，导致我们得到的僵尸企业样本在杠杆率层面是有偏的。如此得出的结论就很难保证稳健性，还需要从另外两种方法入手继续分析。

表 5 - 1　国有僵尸企业和非国有僵尸企业资产负债率比较（过度借贷法）

	国有僵尸企业		非国有僵尸企业		全部僵尸企业	
	均值	方差	均值	方差	均值	方差
2007	NA	NA	NA	NA	NA	NA
2008	79.9%	0.219 7	91.2%	0.635 3	88.0%	0.550 2
2009	82.6%	0.201 7	86.5%	0.302 4	85.4%	0.278 2
2010	86.2%	0.346 0	88.5%	0.258 2	87.8%	0.286 4
2011	NA	NA	NA	NA	NA	NA
2012	83.4%	0.496 9	77.7%	0.209 9	79.3%	0.314 8
2013	81.2%	0.117 2	75.2%	0.108 3	76.4%	0.112 3
2014	75.8%	0.107 0	77.1%	0.318 9	76.8%	0.278 0
2015	71.5%	0.095 8	74.0%	0.136 5	73.6%	0.130 2

说明：NA 表示数据缺失。
资料来源：Wind 数据库，作者自己计算。

　　其次看一下综合性方法的结果。如表 5 - 2 所示，在均值方面，2007—2009 年间，国有僵尸企业和非国有僵尸企业并没有稳定的对比规律，但在 2010—2015 年这六年里，国有僵尸企业的资产负债率均值开始显著高于非国有僵尸企业。然而，2007—2015 年间，两种类型的僵尸企业在方差上却没有表现出类似的规律性。从最新数据来看，也就是 2015 年当年，国有僵尸企业的资产负债率均值比非国有僵尸企业高出 5.5%，方差却要小于非国有僵尸企业。这表明，国有企业不仅更容易成为僵尸企业，这些成为僵尸企业的国有企业还具有更高的资产负债率。

　　僵尸企业的最大特点就是需要政府和银行等部门不断输血，且以银行部门为主。银行为僵尸企业提供的资金支持自然不会是无偿的，所有的资金支持都会形成僵尸企业的债务负担。这就意味着越容易获得信贷支持的僵尸企业，资产负债率也越高。现实中，国有企业在获得信贷方面具有非国有企业难以比拟的优势。一旦这些国有企业成为僵尸企业，债务积累自然要远远快于非国有僵尸企业，反映到资产负债率上就是国有僵尸企业的资产负债率必然系统性地高于非国有僵尸企业。

表 5-2　国有僵尸企业和非国有僵尸企业资产负债率比较（综合性方法）

	国有僵尸企业		非国有僵尸企业		全部僵尸企业	
	方差	均值	方差	均值	方差	均值
2007	61.5%	0.240 4	62.2%	0.322 0	62.0%	0.299 1
2008	61.2%	0.233 5	57.9%	0.216 6	59.1%	0.222 2
2009	53.0%	0.177 6	57.3%	0.248 0	56.2%	0.231 8
2010	61.6%	0.262 9	60.0%	0.205 9	60.4%	0.222 6
2011	69.8%	0.200 7	64.9%	0.538 3	66.1%	0.476 2
2012	59.7%	0.228 5	54.8%	0.199 3	56.0%	0.207 6
2013	58.1%	0.211 1	53.1%	0.195 8	54.2%	0.200 0
2014	57.2%	0.214 8	49.7%	0.219 8	51.5%	0.220 7
2015	55.0%	0.169 6	49.5%	0.206 3	50.2%	0.202 3

资料来源：Wind 数据库，作者自己计算。

最后来看看连续亏损法的数据。如表 5-3 所示，在均值方面，2009 年和 2010 年两年里，国有僵尸企业的资产负债率均值要小于非国有僵尸企业。但在 2011—2015 年间，除了 2013 年外，国有僵尸企业的资产负债率均值均显著高于非国有僵尸企业。而且，2013 年当年非国有僵尸企业的方差突然增加，是国有僵尸企业方差的三倍多。由此可以推断出，2013 年应该是新增加了部分资产负债率极高的非国有僵尸企业，导致整个组均值有所增加。在方差方面，近三年来国有僵尸企业的方差均小于非国有僵尸企业。2015 年当年，国有僵尸企业的资产负债率均值略高于非国有僵尸企业，方差要小于非国有僵尸企业。

连续亏损法强调僵尸企业的生存状态，也就是连续亏损却能生存。连续亏损意味着企业的现金流出现很大问题，背后反映出的是这些企业已经丧失了基本的盈利能力。国有企业的经营效率低于非国有企业已经是被学术界反复证明的事实。特别是最近几年，国有企业的经营能力更是越来越差（见第三章图 3-16 和图 3-17）。然而，连续亏损只是成为僵尸企业的必要条件。连续亏损却还能继续生存，意味着这类企业必然要有一个坚定的盟友在给予资金支持。如前所述，多数资金支持都来自银行部门且不会是免费的午餐。随后的演化逻辑同上文一样，国有企业更容易成为僵尸企业，国有僵尸企业的债务积累速度更快，因此国有僵尸企业的杠杆率要高于非国有僵尸企业。

表5-3　国有僵尸企业和非国有僵尸企业资产负债率比较（连续亏损法）

	国有僵尸企业		非国有僵尸企业		全部僵尸企业	
	方差	均值	方差	均值	方差	均值
2009	67.1%	0.332 8	73.6%	0.413 3	71.8%	0.392 8
2010	58.4%	0.319 5	64.9%	0.331 7	63.2%	0.328 8
2011	81.8%	1.073 3	78.3%	0.476 0	79.2%	0.672 1
2012	86.9%	0.754 2	71.3%	0.342 9	74.9%	0.472 4
2013	67.5%	0.223 2	69.3%	0.714 9	68.9%	0.637 5
2014	65.5%	0.216 8	60.5%	0.278 4	61.6%	0.266 3
2015	60.7%	0.206 4	59.3%	0.328 2	59.6%	0.309 9

资料来源：Wind 数据库，作者自己计算。

第六章

警惕潜在金融风险

　　当前，地方政府在中央的指导下，开始大力实施"去产能"和"清理僵尸企业"的各项举措。例如，广东省国资委宣布了重拳治理"僵尸企业"的措施：广东省现已摸查出 3 385 家僵尸企业，并计划在 3 年内完成出清重组，关停 2 333 家僵尸企业。[①] 2016 年 1 月 6 日，湖南省委经济工作会议也提出："化解过剩产能，处理'僵尸企业'，是一道绕不过的坎，不能拖、不能等。"[②]

　　僵尸企业之所以能够长时间地影响宏观经济效率，主要是因为僵尸企业与金融系统有千丝万缕的关系，而金融系统又是现代经济运行的基石。从第一章的分析可知，僵尸企业占用了大量的信贷资源，导致银行资本的配置效率受到影响。同时，银行给僵尸企业提供贷款还面临很大的道德风险。两方面原因使得僵尸企业的存在大大影响了银行乃至整个金融体系的运行效率。

　　僵尸企业存活会成为累赘，倒闭了却可能成为炸弹。僵尸企业对银行的负债都是刚性的，一旦倒闭，银行对僵尸企业的贷款就立

---

　　① 广东重拳治理"僵尸企业". 新华社，2016-08-07.
　　② 王安中. 治理"僵尸企业"，须多管齐下. 湖南日报，2016-01-06.

刻成为不良贷款。目前，银行处置不良贷款的途径受限，主要以核销为主，也就是当作损失直接用利润冲抵。如果不良贷款太多，利润无法弥补，银行就要损失部分资本金。如果不良贷款再多一点，银行的资本金就会大量减少，此时银行就面临无法满足监管部门资本金要求的风险。最坏的情况下，银行可能直接走向资不抵债，走向被收购或倒闭的命运。

为了判断潜在的风险究竟有多大，本章主要从三个方面出发，对处置僵尸企业可能面临的金融风险进行分析。

一是搞清银行为何要帮助僵尸企业。第一章解释僵尸这个词的词源时，我们指出该词源自西非刚果地区，指的是被某种巫术复活的尸体。那么在僵尸企业眼中，持续放贷的银行就应该是复活它的那名"巫师"。我们将用问答体的形式，模拟一个对"巫师"银行的采访，解释银行帮助僵尸企业的原因。

二是处置僵尸企业要承受多大规模的债务损失。僵尸企业之所以难以恢复正常，除了自身的经营问题外，在很大程度上是因为债务水平过高导致利息负担较重，企业现金流时刻处于高度紧张状态。因此，债务问题不解决，僵尸企业很难恢复正常。这就意味着，大力处置僵尸企业必须承担一定程度的债务损失。当下关于债转股的讨论如火如荼，有的观点认为债转股是减轻企业债务负担、化解僵尸企业的必要途径。对于僵尸企业来说，债转股实质上就是一种帮助僵尸企业债务减免、再次续命的手段，因为这些企业的股权几乎没有什么价值可言。接下来的问题就是，究竟要实现多少债务减免，才能让这些僵尸企业起死回生？

三是银行能够承受多大规模的贷款损失。鉴于僵尸企业的主要债权人是银行，因此无论是重组还是破产，债权人都会遭受一定规模的损失。从银行角度来看，如果直接关停僵尸企业，此前僵尸企业在银行的债务将变成银行的呆坏账，那么银行对这一成本的承受能力有多大？

一、一个"巫师"的自白

按照《牛津大辞典》的解释，"zombie"这个单词来源于西非刚果的方言，意思是"被某种巫术复活的尸体"。既然是银行对这些企业施展了"巫术"，让这些企业活了下来变成僵尸企业，那银行就应该被称为"巫师"。

那么，作为一名巫师，银行为什么要对这些企业施展"巫术"，让它们一直活下去？在施法之前，银行知道这些企业的真实情况吗？究竟是企业骗了银行，还是银行故意为之？带着这些问题，我们专门对巫师协会的一位资深会员进行了独家专访，以下是采访实录。

提问：

最近关于僵尸企业的话题挺火。其实，圈内人都知道，这些所谓的僵尸企业之所以能活下来，主要还是靠贷款。有人把这种起死回生称为"巫术"，您自然也就是巫师了。我想问您的第一个问题是，在放贷前，银行知道这些企业的经营状况吗？

"巫师"：

关于企业的真实情况，银行有完善的企业征信记录，我们对每一家企业的经营状况、财务状况都很清楚。所以，应该说大部分情况下我们都知道自己在做什么。

提问：

既然您知道，为什么还要帮僵尸企业呢？

"巫师"：

帮它们也是帮我们自己啊！

提问：

您的回答我不是很理解，能再说的具体一点儿吗？从账面上来看，这些企业确实出了问题，有的企业盈利下滑得很明显，还有的企业甚至已经资不抵债了。给这样的企业继续放贷，您不怕收不回来吗？

"巫师"：

首先，你要知道，企业的账跟银行的账是连在一起的。银行给企业的贷款是企业的负债，同时也是银行的资产。假如我们之前给一家企业发放一笔贷款，一旦这家企业出现问题，那就意味着这家企业的还款能力出现了问题，之前给这家企业发放的贷款就要被当作不良贷款。按照规定，每一笔不良贷款都需要银行拿出一部分钱作为风险准备金，而且这笔钱只能从银行自己的腰包里出。这样一来，银行的自有资本就会减少，资本充足率就会下降。有时候，一笔严重的不良贷款就有可能把银行整个季度的利润吞掉。再大一些的不良贷款，搞不好直接就把银行拖垮了。

所以银行很怕不良贷款。在企业刚遇到困难的时候，银行更愿意向企业提供资金，希望企业通过输血就能痊愈，或者至少能保住命。根据银监会的规定，银行贷款可以分为五类：正常、关注、次级、可疑和损失。一般来说，只要企业能正常还本付息，这笔贷款就算是正常贷款。如果企业出现财务波动，银行会把发放给该企业的贷款列为关注类，但还不算不良贷款。所以，你所说的巫术，不过是银行看到企业到了悬崖边上，伸手"拉兄弟一把"。帮兄弟也就是帮自己，要是银行真的放任不管，最终可能会和企业同归于尽。

另一种情况下银行也会帮助困难企业，那就是银行客户之间的关联度比较高。在现代社会中，企业之间的交易越来越多地会用到商业信用，通俗地说就是先交货后付款。假如某银行有 A、B 和 C 三个客户企业，这三个企业之间有很多业务往来。如果 A 因为某些原因出现了经营困难，就有可能还不上欠 B 或 C 的货款，那么 B 或 C 也会受到牵连。为了避免在客户之间出现连锁反应，银行就会向 A 提供帮助，通常的做法是向 A 提供低息贷款。在中国，还存在一种关联模式，那就是企业之间存在联保互保的情况。如果 A、B 和 C 在向银行申请贷款时，互相为其他两方提供担保，那么在额度较大的情况下，其中一方倒闭就意味着三家同时倒闭。这时，银行也就不得不选择救助困难企业。

提问：

但无论怎么说，该有的损失迟早无法避免。这种滚雪球式的放贷，不是把损失越做越大吗？

"巫师"：

某些情况下，这个雪球已经滚得很大了。对于某些银行的地区分行来说，那些地区性大企业一旦垮掉，就会连累整个分行。就好比摔个跟头肯定很疼，但要是从10楼摔下去就不是疼不疼的问题了。所以，只能是先扛着，等待出现其他转机。

提问：

听您这么一说，银行很担心大客户出问题，把自己拖下水，所以不得不提供援手。那么，如果是中小企业遇到了经营困难，而且贷款损失可以承受，银行是不是会选择停止提供贷款，任凭这些中小企业垮掉？

"巫师"：

肯定不是的。首先得澄清一下，银行并不是不愿意给中小企业贷款。实际情况是，放贷给中小企业往往要承担很大的风险，这种风险已经超过了银行的可承受范围。而且，中小企业往往不能提供良好的抵押品，有时候根本就没有抵押品。在这种情况下，银行确实很难给中小企业放款。

即便如此，在中小企业遇到困难的时候，银行也不会直接不管，放任中小企业出问题。有时候政府会直接参与进来，通过向银行注资的方式，专门要求银行给中小企业提供贷款。日本当年就是这么做的。也就是说，僵尸企业未必都是大企业，中型企业占比其实也不少。也有的时候政府会要求银行将一定的贷款比例发放给中小企业。达到了这个比例，政府会给予银行一些特殊的待遇，比如更低的存款准备金率。中国就是这么做的。为了达到这个比例，我们也需要尽可能帮助中小企业活下去。

提问：

可您依然没有回答我刚刚提出的问题：帮到什么时候才是个头啊？

"巫师"：

企业经营遇到困难有可能只是阶段性的，这种阶段性的困难与经济周期有关。现在大环境不好，不仅中国经济增速在下降，全球经济增速也在下行，还出现了贸易萎缩。在这种情况下，国内企业的效益都很差。但是，等到全球经济复苏，中国经济企稳时，市场需求也就起来了。到那时候，企业效益不就又好了吗？当年煤炭市场好的时候，再小的煤窑也能赚钱。所以说，企业也就是这一阵子难熬。等熬过了这一波衰退，现在遇到困难的企业就能接着赚钱。

提问：

可是，现在我们看到有些行业，特别是上游行业存在严重的产能过剩，比如钢铁、煤炭等等。这些行业短期内不可能恢复，长期也很难再回到过去那样。向这些行业的企业放贷，不是太危险了吗？

"巫师"：

银行帮这些企业也有自己的考虑。产能过剩行业要想出现转机，就必须要有一批企业垮掉，让产能恢复合理水平。这样，产品价格才能提高，企业的盈利水平才能提高。因此，产能过剩行业的竞争逻辑是"剩者为王"，也就是谁能活到最后，谁就能"翻身农奴把歌唱"。在这种情况下，最后谁能活下来取决于这些企业承担亏损的能力。这和竞争的逻辑很不一样，因为竞争取决于谁的生产率更高。

但是，企业都不希望自己倒闭，银行也不希望自己的客户倒闭。如果全国只有一家银行，那么这个问题就不存在了。因为既然迟早有企业要倒闭，那当然是长痛不如短痛，现在就让一批企业倒闭更好。可现实是，全国有很多银行，每个银行又有很多地区分行，每个银行或分行都面对着各自的客户。这时候，真正在打擂台的就不只是企业了，还有企业背后的银行。这些银行都希望自己的客户能够成为"剩者"，自然就会不断给这些企业放款了。

提问：

既然说到了企业倒闭，我想再接着问一句，除了自身因素，有没有来自政府部门，特别是地方政府的压力？毕竟企业倒闭就意味着税收减少和失业增加。税收减少太多，政府的很多工作就无法开展；失业增加太多，就容易引发社会问题。这些可都不是政府部门想看到的。

"巫师"：

这方面的压力肯定有，特别是那些国有大行，它们要承担更大的压力。对国有银行来说，必须要支持属于国家支柱产业的大型国企。同时，国有银行也要承担更多的社会责任，其中最关键的社会责任就是支持就业。

还有一种情况十分普遍，那就是地方政府会直接干预银行，阻止银行抽贷。所谓抽贷，就是银行用各种办法提前收回贷款。现实中，大企业往往会与多个银行同时建立贷款关系。一旦银行感觉企业出现问题，会纷纷设法提前收回贷款，避免企业还不上钱而出现损失。先收回贷款的银行肯定能避免损失，但是提前收回贷款，无异于加剧了企业的困难，企业就更加危险，甚至直接倒闭。如果企业因此倒闭，晚一步收回贷款的银行就会承担损失。此时，企业就会向地方政府求助，地方政府就开始向相关银行施压，迫使银行承诺不会提前抽贷，有时候还会签订一个要求银行持续放款的三方协议。

但是，如果企业倒闭会给某家银行带来难以承担的损失，那么在没有政府干预的情况下，银行也会这么做。要知道，救助这些企业本身就符合银行的自身利益。在这种情况下，无论有没有外在的压力，银行都会选择救助这些企业。

提问：

看来银行这么做主要还是出于自身的利益，但在特殊情况下，地方政府也会考虑到税收和就业的压力，直接进行干预。但不管怎么说，银行的这种行为毕竟不合规矩，监管部门一点儿都不知道吗？

"巫师"：

确定一笔贷款是否应该发放，这事儿既不归监管部门管，监管部门也管不了。因为中间会有很多细节，监管部门往往只会关注几个总数，具体的交易由银行的内控部门负责。而且，即使监管部门察觉到了有不对劲儿的地方，它们也不会高调处理，最多约谈一下银行领导。毕竟一旦出了问题，监管部门又要被扣上执法不力的帽子。

提问：

可是，到了遍地都是僵尸企业的时候，最后是不是还得政府出手解决？

"巫师"：

不出意外的话，解决僵尸企业的问题还得靠政府推动。僵尸企业不可能一直存在下去，但不到万不得已，银行是不会主动把自己的问题暴露出来的。这时候，就必须有一个外力推动，这个外力就是政府。

虽说这些僵尸企业是靠着银行的贷款才活了下来，但解决僵尸企业的问题不等于解决僵尸企业。解决僵尸企业的问题，要靠政府、银行、企业三方通力合作，不能只靠银行。而且，处理的方式、节奏和时机都很重要，需要统筹规划。

二、需要多少债转股才能挽救僵尸企业

除了职工安置问题外，防范系统性金融风险也是国家去产能和治理僵尸企业无法逃避的问题。根据中央的要求，发改委和工信部联合制定具体的实施方案推动产业重组、处置僵尸企业，并在加紧推进方案的制定。总体思路是按照企业主体、政府推动、市场引导、依法处置的原则，更加注重运用市场机制、经济手段、法治办法，通过兼并重组、债务重组乃至破产清算，积极稳妥推动僵尸企业退出。这样的指导思路对防范金融风险有一定的积极作用，但能否规避仍待讨论。

从通俗意义上讲，金融风险就是指对企业和金融机构造成财务损失的风险。由于金融系统十分庞杂，这种风险所引发的后果往往很难预计。一家金融机构由于操作失误、决策失误引发了财务危机，影响范围通常会超出该机构本身，甚至会对整个金融体系运行的稳健性构成威胁。金融系统一旦出现失灵，整个宏观经济秩序也必将发生混乱。接下来，我们首先来探讨处置僵尸企业究竟要承受多大规模的债务损失。

（一）打开企业负债的黑匣子

现实中，负债对企业来说是一把双刃剑。一方面，负债能帮助企业实现跨越式发展。企业可以通过增加负债来增加投资、扩大生产，获得更多的利润，实现更快的资本积累。另一方面，负债也有可能在危机时成为企业的拖累。一旦企业因各种原因发生连续亏损，如政策变动或需求骤减等，债务就会变成企业的巨大负担。特别是当负债利息远远超过企业的利润时，企业离破产清算也就不远了。

但是，企业的负债多少并没有一个绝对的标准。企业能负担多少债务，取决于企业有多大的偿债能力。偿债能力，从字面意思上解读就是企业清偿金融机构债务的能力。从更深一层的意思上来看，偿债能力还反映了企业是否具备使用当前资产创造未来价值的能力。如果一个企业正处于快速成长期，产品不愁销路，有稳定的现金流和盈利，那么这时候企业增加债务就能做大收益，这是合理的选择。但是，如果没有稳定的现金流支撑，哪怕债务规模再低也有可能无法还本付息，导致违约。

反观中国现实，当前中国非金融企业的债务主要来自三方面：银行传统信贷、金融市场债务工具发行以及类影子银行的信用融资。[①] 2008 年之前，中国非金融企业的杠杆率一直稳定在 100% 以内。全球金融危机后，非金融企业部门加杠杆趋势非常明显。非金融企业杠杆率由 2008 年的 98% 提升到 2014 年的 149.1%，非金融企业资产负债率由 2008 年的 52% 提升到 2014 年的 60%。[②] 根据央行公布的金融机构本外币信贷收支表，截至 2016 年 3 月末，非金融企业人民币贷款 71.94 万亿元。根据央行公布的融资规模存量统计表，截至 2016 年 3 月末，非金融企业信托贷款为 5.61 万亿元、委托贷款为 11.56 万亿元、未贴现银行承兑汇票为 5.63 万亿元，非金融企业债券存量为 15.89 万亿元。截至 2015 年末，非金融企业的债务总额为 105.6 万亿元，占 GDP 的比重为 156.1%；2016 年第一季度国内生产总值同比增长 6.7%，非金融企业的债务总额 110.63 万亿元，仅增长 4.76%。非金融企业的杠杆率有小幅下降，但依然处于高位。

　　在第三章中，我们发现多数产能过剩的传统周期性行业僵尸企业的占比也较多。如表 6-1 所示，这些行业中的上游工业行业（煤炭开采和洗选业，黑色金属矿采选业，黑色金属冶炼和压延加工业，有色金属矿采选业，有色金属冶炼和压延加工业，石油加工、炼焦和核燃料加工业，电力、热力的生产和供应业等）资产负债率较高，而与需求较好的消费服务业相关度高的下游工业企业（石油和天然气开采业、食品制造业、纺织业、造纸和纸制品业、通用设备制造业、汽车制造业等）资产负债率较低。这反映了自 2008 年"4 万亿元"刺激政策后，传统周期性行业出现了普遍的产能过剩，同时伴随资产负债表恶化和杠杆率不断提升。

---

　　① 　主要包括信托贷款、委托贷款、未贴现银行承兑汇票等。
　　② 　中国国家资产负债表 2015.

表 6 - 1　　　　　　2007—2015 年行业资产负债率（%）

行业	2007	2008	2009	2010	2011	2012	2013	2014	2015
煤炭开采和洗选业	61.95	61.03	59.83	59.16	59.28	59.66	62.45	65.25	67.28
石油和天然气开采业	40.68	40.81	43.73	44.11	47.36	45.43	45.25	45.12	46.09
黑色金属矿采选业	49.06	48.18	52.77	52.80	53.21	54.88	55.45	56.75	56.66
有色金属矿采选业	47.42	47.49	48.82	48.27	48.74	48.80	49.35	50.12	51.33
农副食品加工业	58.06	58.18	55.96	55.96	56.59	55.91	55.32	54.01	52.51
食品制造业	55.53	56.26	53.33	52.10	50.71	49.29	48.58	47.14	45.90
纺织业	61.02	60.46	58.51	57.75	57.17	57.31	56.84	55.00	53.66
造纸和纸制品业	60.08	59.51	58.27	57.77	58.16	58.71	58.29	57.53	57.25
非金属矿物制品业	58.81	57.96	57.11	55.94	55.37	55.63	55.35	54.26	54.00
黑色金属冶炼和压延加工业	61.88	63.26	63.97	65.27	67.49	67.96	68.19	67.33	66.39
有色金属冶炼和压延加工业	62.15	59.03	60.27	61.86	62.93	63.91	64.69	65.02	64.66
通用设备制造业	60.94	60.95	59.80	58.73	57.03	56.65	55.42	54.25	53.07
电力、热力的生产和供应业	56.91	62.69	64.93	66.92	66.36	66.76	66.04	65.17	62.06

续前表

行业	2007	2008	2009	2010	2011	2012	2013	2014	2015
石油加工、炼焦和核燃料加工业	59.06	61.54	66.49	63.21	64.94	65.71	66.34	65.90	66.52
汽车制造业	57.07	57.24	58.20	59.43	58.80	57.17	57.75	57.56	57.10

资料来源：Wind 数据库，作者自己计算。

（二）债转股重出江湖

1. 债权与股权的区别

根据来源的不同，企业融资一般可以分为债权融资与股权融资两大类。这两类融资方式有以下四种区别：

第一，投资期限不同。债权投资一般情况下都具有较为明确的到期期限，到期后可以收回本金；而股权投资则通常将资产交由公司支配，股东在二级市场可以通过交易实现不定期的投资额回收。

第二，权利实现方式不同。债权投资者与债券发行公司之间只有债务条款约束，不能够直接参与公司的经营和管理；股东则能够通过参与公司的决策和管理来实现自身的权利。

第三，投资资本回收顺序不同。公司破产法规定，公司破产清算时，债权人的结算顺序要优先于股东。在债务融资中，如果投资项目收益较高，那么高于债券利息的部分均归股东所有，而当项目亏损时，债权人还要承担有限责任。因而股东更倾向于投资风险较大的项目。

第四，承担风险不同。债权投资者的收益相对于股东而言较为稳定，本息支付受到债务合同的硬性约束；而股权投资者的股息收入会随着股份公司盈利情况变动而变动，且股权交易时间较为灵活。

不难看出，由于股权面临的风险大于债权，因此股权融资要求的投资回报率也大于债权融资。相较而言，债务融资因风险相对较低，其融资成本一般情况下比股权融资成本要低。但是，债务资本的增加意味着财务风险增大。当企业资产收益率高于债务融资的综合成本时，可以提升股权回报率，企业能够通过调整股债比例达到最优资本结构。倘若企业不能随着资产收益率的变化及时调整财务杠杆，就会导致债务负担过重，企业成本高企，影响企业的正常经营，严重时甚至可能导致企业陷入困境。

2. 点债成股

债转股，顾名思义就是将债权转化为股权，既可以是债权人受债务人倒逼所采取的一种不得已而为之的处理不良债权的方式，也可以是债权人为追求高额回报而采取的一种主动行为（如可转债投资者）。这里所说的债转股是作为处理不良资产常用方式之一的被动转债，债转股的主要对象是微利或亏损的企业。这类企业大大偏离了其最优资本结构，在债务偿还能力、盈利能力、内部资产整合能力等方面均明显较弱。如果不实行债权转股权，企业的财务成本压力、资金运用能力和资金压力等会进一步制约公司的发展，甚至会将其拖入更加困难乃至破产的境地。这些债务的存在或扩大，会加剧企业的经营风险和银行的金融风险。

从债务可持续的角度看，债转股可以优化企业资本结构，可能使得企业渡过眼前的难关，并随着经济景气上升和企业经营改善，获得较高的资产收益率和股权回报率。从法律意义上说，债转股是债权人将其对债务人享有的有效合法债权转换为对债务人的股权投资，由此增加债务人注册资本的法律行为，包含债权的消灭和股权的产生两种法律关系。从公司治理上说，债转股使得债权人以承担投资风险为代价获得了参与重大决策和选择管理者的权利，从而可以对公司战略和经营绩效施加一定影响。因此，不少学者把僵尸企业起死回生的希望寄托在债转股上，并认为债转股是处置僵尸企业的关键。

3. 债转股潜在规模的测算

我们会在第八章具体讨论债转股是否能成为处置僵尸企业的主要手段。此处我们关心的是，如果利用债转股处置僵尸企业，需要承担多少债务损失？换句话说，企业债转股可能会出现多少坏账呢？

我们从偿债能力出发，利用债务可持续的逻辑测度出理论上的最高负债规模，然后通过比较理论负债上限与实际负债情况测度潜在的债转股规模。这一指标可以被称为行业债务增加/减免规模。其测算方法如下：

理论负债规模＝（财务费用＋利润）/年平均贷款利率

行业债务增加/减免规模＝理论负债规模－实际负债规模

这里的财务费用是指企业筹集生产经营所需资金而发生的费用。包括：利息收入、利息支出、汇兑净损失、金融机构手续费、筹集生产经营资金发生的其他费用。

理论负债规模则意味着通过企业的账面信息可以推测出企业可以承受的借债规模。

债务增加/减免规模则指的是企业理论上能够承受的负债规模与实际发生的负债规模进行大小比较。

当理论负债规模大于实际负债规模的时候意味着企业还有可以举债的空间和能力，可以进一步举债，称为行业债务增加规模。反之，若实际负债规模超过了理论负债规模，就意味着企业自不量力，举债规模已超过其自身能够承受的偿债能力。最终那些无法被偿还的债务就会成为坏账，通过债转股只能实现债务风险的转移。换言之，如果没有经过对这些债务的认真审查便由第三方来接管，会给整个金融市场带来巨大风险。

从表6-2和图6-1可以看出，黑色金属冶炼和压延加工业、煤炭开采和洗选业、炼焦行业这三个行业债务增加/减免规模为负值，黑色金属冶炼和压延加工业为－1.69 万亿元，煤炭开采和洗选业为－1.62万亿元，炼焦行业则为－0.56 万亿元。这意味着这三个行业存在着实际负债大于理论负债的情况，其负债规模已远超自身的偿债能力。如果从债务增加/减免规模占比情况来看，炼焦行业过度负债情况最为严重，债务减免规模为－90.41％，煤炭开采和洗选业次之，这一指标为－43.98％，黑色金属冶炼和压延加工业为－38.66％。炼焦行业这一实际债务超出理论债务的部分占实际债务的比例超过 90％，一旦企业未来的生产或经营出现状况，这部分债务会立即成为难以偿还的坏账。

表 6-2　　　　　2015 年行业债务增加/减免规模及占比

行业	债务增加/减免规模（万元）	债务增加/减免规模占比
黑色金属冶炼和压延加工业	−169 019 797.4	−38.66％
煤炭开采和洗选业	−161 885 212.2	−43.98％
炼焦行业	−56 489 754.66	−90.41％
黑色金属矿采选业	35 736 504.82	62.61％
有色金属矿采选业	56 190 768.49	195.37％
石油和天然气开采业	62 809 668.81	65.66％
造纸和纸制品业	82 134 093.25	104.06％
有色金属冶炼和压延加工业	94 360 922.83	39.22％
食品制造业	254 037 048.2	396.33％
纺织业	297 911 392.3	233.50％
通用设备制造业	341 661 929.3	159.85％
电力、热力的生产和供应业	382 614 154.3	51.19％
非金属矿物制品业	443 565 373	170.16％
农副食品加工业	446 154 520.9	274.21％
汽车制造业	703 577 903.5	213.11％

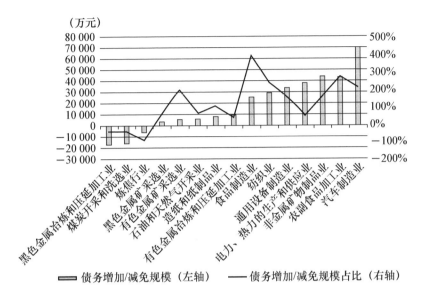

图 6-1　2015 年行业债务增加/减免规模及占比

三、银行的底线在哪里

以上测算表明，仅煤炭、钢铁和炼焦三个行业就有近 4 万亿元的超额负债。当下，有观点认为应利用债转股配合僵尸企业的处置，以降低相关企业的债务负担，给僵尸企业的恢复以喘息之机。同时，银行还能用这种方式提高不良贷款的处置效率，减少亏损。但是，银行真的能够承担如此重负吗？银行的底线究竟在哪里？

为了搞清楚银行的底线，我们首先来了解一下商业银行的资本构成。根据《巴塞尔协议》规定，银行资本分为核心资本和附属资本。核心资本主要是银行的权益和储备，也称为一级资本，可以理解为自有资本。核心资本包括：实收资本、资本公积、盈余公积、未分配利润。附属资本包括贷款呆账准备、坏账准备、投资风险准备和五年期以上的长期债券，也称为二级资本。金融危机之后，银行系统的风险问题受到了国际社会的广泛关注。巴塞尔委员会适时出台的《巴塞尔协议Ⅲ》规定：截至 2015 年 1 月，全球各商业银行的一级资本充足率下限将从现行的 4％上调至 6％，由普通股构成的核心一级资本占银行风险资产的下限将从现行的 2％提高至 4.5％。另外，各家银行应设立"资本防护缓冲资金"，总额不得低于银行风险资产的 2.5％，该规定将在 2016 年 1 月至 2019 年 1 月之间分阶段执行。当前，中国商业银行整体资本状况良好，银行资本上涨态势略有缓和（见图 6-2）。

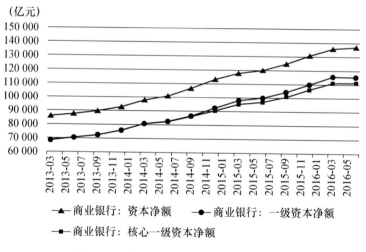

图 6-2　中国商业银行资本状况（季度）

资料来源：Wind 数据库，作者自己计算。

银行资本的充足程度是金融监管的重要内容，而在此基础上如何确定适宜的资本水平就是商业银行经营管理者所面临的风险——收益均衡决策。根据最佳银行资本需要量原理，银行资本既不应过高也不应过低。银行资本过高会使财务杠杆比率下降，增加筹集资金的成本，最终影响银行利润；资本过低会增加对存款等其他资金来源的需求，使得银行边际收益下降。

图 6-3 中的 KCC 曲线反映了银行资本量与资本成本之间的关系。纵轴 C 表示资本成本，即银行为筹集一定量的资本所花费的各种开支、费用，如股票红利、债券利息，以及银行管理这些资本所花费的费用等。资本成本也包括资本量变化带来的其他成本，如当资本量过小时会增加对存款或其他资金来源的需求，使得这些资金来源的边际成本增加。横轴（K/A），即资本/总资产比率，表示银行的资本需求量。资本成本曲线 KCC 呈"U 形"，在 KCC 曲线上，存在一个资本成本最低点 C^*，与其对应的资本量$(K/A)^*$，即为银行最优资本量。

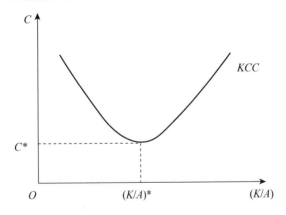

图 6-3　银行最优资本量推导曲线

另一个指标为资本充足率，资本充足率指银行自身资本和加权风险资产的比率，代表了银行对负债的最后偿债能力（见图 6-4）。

商业银行资本充足率的计算公式：

$$资本充足率 = \frac{资本 - 扣除项}{风险加权资产 + 12.5\ 倍的市场风险资本}$$

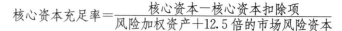

$$核心资本充足率 = \frac{核心资本 - 核心资本扣除项}{风险加权资产 + 12.5倍的市场风险资本}$$

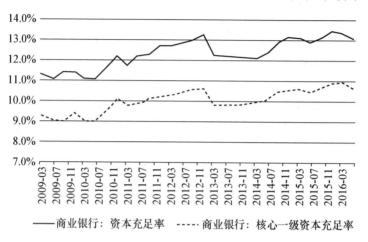

—— 商业银行：资本充足率　　····· 商业银行：核心一级资本充足率

图 6 - 4　2009—2016 年第一季度中国商业银行资本充足率

资料来源：Wind 数据库，作者自己计算。

　　2010 年《巴塞尔协议》强化了银行资本充足率监管标准，商业银行总资本充足率应达到 10.5%。很显然，中国商业银行的总资本充足率一直高于这一水平，并不断提高。这意味着当前中国商业银行的资本风险状况仍然比较乐观。

　　其次，我们再来看看银行利润的组成部分。通常意义上说，银行的盈利主要来自其主营业务收入——存贷款的利息差，随着银行业的发展，当前其他银行参与的投资项目和金融服务也成为银行的盈利渠道。

　　我们看到商业银行近五年的净利润在不断上升，但资本利润率却有所下降（见图 6 - 5 和图 6 - 6）。这意味着监管部门对核心资本充足率提出了更高的要求，银行更加注意自有资本的留存，自有资本的上升规模较快，作为分母的资本量增加，因此资本利润率出现了下降。这是出于银行业监管部门对商业银行可能出现的滥放贷款导致金融风险的控制，一旦资本充足率无法达到监管部分规定的标准，银行会面临停业整顿的危险。

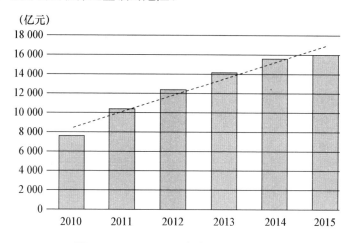

图 6-5　2010—2015 年商业银行净利润

资料来源：Wind 数据库。

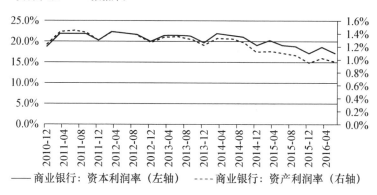

—— 商业银行：资本利润率（左轴）　---- 商业银行：资产利润率（右轴）

图 6-6　2010—2016 年 6 月商业银行资本利润率和资产利润率（季度）

资料来源：Wind 数据库。

　　最后，我们先看一组近期银行坏账情况的数据。普华永道统计的数据显示，截至 2015 年底，18 家上市银行的信贷风险有所增加，不良贷款额达 9 482.8 亿元（图 6 - 7 中给出了 2003—2015 年全国商业银行不良贷款余额），同比飙升 48.61%，平均不良贷款率由 2014 年的 1.22% 上升至 1.65%（见图 6 - 8 和图 6 - 9）。为应对风险增加，上市银行相应加大了处理力度，共注销或转让了3 861 亿元不良贷款，较 2014 年增加 67%。同一时期，穆迪受评的 10 家上市银行的关注类贷款（借款人偿还能力较低的贷款）上升了 56 个基点，达到 3.47%。该比率在 2015 年上半年和 2015 年下半年分别上升了 36 个基点和 20 个基点。

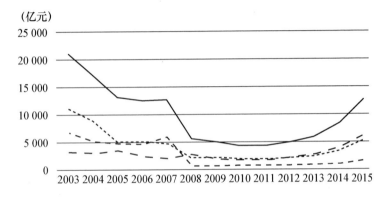

图 6 - 7　2003—2015 年商业银行不良贷款余额

资料来源：Wind 数据库。

从商业银行总的不良贷款余额及其比例中能看出，尽管当前商业银行总的不良贷款率仍维持在 1%～2%，构成不良贷款的三类贷款即次级类、可疑类和损失类的不良贷款比例也只有小幅上涨，但由于信贷规模的大幅扩张，这种小幅上涨也会导致不良贷款总量上涨幅度的较大变化。出现这些不良贷款，一方面是因为整体经济下行，贷款企业利润下滑严重，无力偿还贷款；另一方面的原因还是在于当前中国银行管理体系存在一定的缺陷。

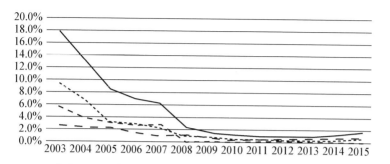

图 6－8 2003—2015 年商业银行不良贷款率

资料来源：Wind 数据库。

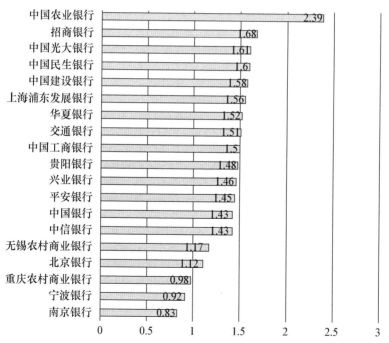

图 6－9 2015 年上市商业银行不良贷款率排名

资料来源：Wind 数据库。

当前中国商业银行不良贷款率上限规定为 5%。尽管从当前情况来看，这些出现不良贷款数量较大的商业银行从不良贷款率上离临界值还有一定距离，但数额巨大的不良贷款如果不及时采取措施处理，最终会侵蚀该商业银行的整个资本构成，其危害难以估量。根据上市商业银行的不良贷款率和各银行的贷款总额，我们能够得出当前这些上市商业银行的不良贷款数额，如表 6-3 所示：

表 6-3　　　　2015 年各上市商业银行的不良贷款额

银行名称	贷款总额 （亿元）	不良贷款率 （%）	不良贷款余额 （亿元）
中国农业银行	89 099.2	2.39	2 129.5
中国工商银行	119 334.7	1.5	1 790.0
中国建设银行	104 851.4	1.58	1 656.7
中国银行	91 358.6	1.43	1 306.4
交通银行	37 220.1	1.51	562.0
招商银行	28 242.9	1.68	474.5
中信银行	25 287.8	1.43	361.6
上海浦东发展银行	22 455.2	1.56	350.3
中国民生银行	20 480.5	1.6	327.7
兴业银行	17 794.1	1.46	259.8
中国光大银行	15 135.4	1.61	243.7
平安银行	12 161.4	1.45	176.3
华夏银行	10 691.7	1.52	162.5
北京银行	7 753.9	1.12	86.8
重庆农村商业银行	2 685.9	0.98	26.3
宁波银行	2 556.9	0.92	23.5
南京银行	2 512.0	0.83	20.8
贵阳银行	831.7	1.48	12.3
无锡农村商业银行	555.1	1.17	6.5

资料来源：Wind 数据库。

从不良贷款余额规模上看，四家国有商业银行中国农业银行、中国工商银行、中国建设银行和中国银行占据榜首四席。其中值得注意的是，当前占据榜首的中国农业银行，其不良贷款率在 2015 年年底时就已达到 2.39％，据农行 2016 年半年报数据最新显示，该行不良贷款率为 2.4％，再次上升了 0.1 个百分点，该行不良贷款余额 2 253.9 亿元，较上年末增加124.4 亿元，刷新了近年来四大行的不良率纪录。中国农业银行于 2010 年 7 月上市，在 2014 年之前的几年中不良贷款率一直处于下降态势。好景不长，从 2014 年第二季度开始，农行的不良贷款率一路攀升，截至 2016 年 6 月已经连续 9 个季度走高。相较而言，其他三家国有商业银行中国工商银行、中国建设银行和中国银行的不良贷款率仍维持在 2％以下。

　　从上市银行的整体情况来看，近三年整体的不良贷款余额一直在不断上升，这和当前银行的房贷习惯不无关系。一方面，中国整个银行业一直以来都较为偏向于大型固定资产投资类的贷款，随着当前经济形势的走低，大量行业步入产能过剩的时期，银行贷款难以收回，进而恶性循环使得整个银行业的不良贷款急剧增加。另一方面，随着信息技术的发展和金融市场体制的不断完善，企业融资渠道不断拓宽，债权融资和股权融资也越来越流行。而这些企业也会将资金进行扩大再生产的投资，存款不断减少。并且随着当前互联网商业模式的不断发展，人们的理财观念、消费习惯和交易方式都发生了极大的转变，因而，银行柜台业务量的下滑也成为难以逆转的趋势。

　　那么，对于银行来说，能承受的不良贷款最高限度是多少呢？我们将通过设置 5％、8％和 10％三个限度不良贷款率下的贷款余额来探讨银行的"底"线。能够看出，在国有四大行中，由于工行贷款总额最大，其能承受的不良贷款额度也最大，其次为建设银行、中国银行和中国农业银行（见表 6-4）。

表 6 - 4　　　　　　　各不良贷款限度下的不良贷款额　　　　单位：亿元

银行名称	贷款总额	不良贷款率为 5% 的不良贷款余额	不良贷款率为 8% 的不良贷款余额	不良贷款率为 10% 的不良贷款余额
中国农业银行	89 099.2	4 455.0	7 127.9	8 909.9
中国工商银行	119 334.7	5 966.7	9 546.8	11 933.5
中国建设银行	104 851.4	5 242.6	8 388.1	10 485.1
中国银行	91 358.6	4 567.9	7 308.7	9 135.9
交通银行	37 220.1	1 861.0	2 977.6	3 722.0
招商银行	28 242.9	1 412.1	2 259.4	2 824.3
中信银行	25 287.8	1 264.4	2 023.0	2 528.8
上海浦东发展银行	22 455.2	1 122.8	1 796.4	2 245.5
中国民生银行	20 480.5	1 024.0	1 638.4	2 048.0
兴业银行	17 794.1	889.7	1 423.5	1 779.4
中国光大银行	15 135.4	756.8	1 210.8	1 513.5
平安银行	12 161.4	608.1	972.9	1 216.1
华夏银行	10 691.7	534.6	855.3	1 069.2
北京银行	7 753.9	387.7	620.3	775.4
重庆农村商业银行	2 685.9	134.3	214.9	268.6
宁波银行	2 556.9	127.8	204.6	255.7
南京银行	2 512.0	125.6	201.0	251.2
贵阳银行	831.7	41.6	66.5	83.2
无锡农村商业银行	555.1	27.8	44.4	55.5

资料来源：Wind 数据库，作者自己计算。

　　当前根据监管机构的规定，商业银行的不良贷款率上限为 5%，那么我们可以大致测算出 2015 年上述上市银行还能够忍耐的不良贷款剩余空间，这从一定程度上反映出当前中国各商业银行距离出现危机的空间还有多少。表 6 - 5 的数据显示，中国上市银行能够继续承受的不良贷款总额约为 2.06 万亿元。仅从量级上来看，中国上市公司能够承受的不良贷款总额显然无法覆盖潜在的债转股规模。这就意味着"通过实施大规模债转股来减轻僵尸企业的债务负担"的策略缺乏基本的可行性。

表6-5　　各上市商业银行不良贷款率和不良贷款额度的增长空间

银行名称	不良贷款率的增长空间 （%）	不良贷款额度的增长空间 （亿元）
中国工商银行	3.5	4 176.7
中国建设银行	3.42	3 585.9
中国银行	3.57	3 261.5
中国农业银行	2.61	2 325.5
交通银行	3.49	1 299.0
招商银行	3.32	937.7
中信银行	3.57	902.8
上海浦东发展银行	3.44	772.5
中国民生银行	3.4	696.3
兴业银行	3.54	629.9
中国光大银行	3.39	513.1
平安银行	3.55	431.7
华夏银行	3.48	372.1
北京银行	3.88	300.9
重庆农村商业银行	4.02	108.0
南京银行	4.17	104.7
宁波银行	4.08	104.3
贵阳银行	3.52	29.3
无锡农村商业银行	3.83	21.3
总计		20 573.2

　　具体来看，相对于中小型的商业银行而言，国有四大商业银行的可承受不良贷款空间仍然要大很多（见图6-10）。其中，中国工商银行的承受能力居于榜首，其还可承受的不良贷款率为3.5%，还可承受的不良贷款额度为4 176.7亿元；其次为中国

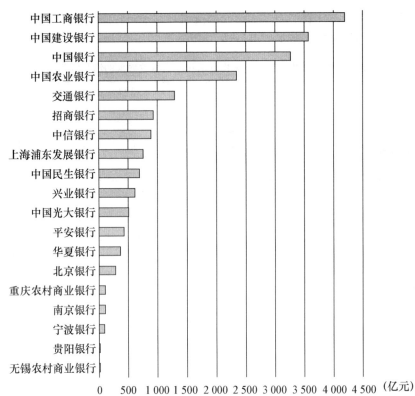

图6-10 各上市商业银行还可容忍的不良贷款额度排名

建设银行，其还可承受的不良贷款率为3.42%，还可承受的不良
贷款额度为3 585.9亿元；中国银行排名第三，其还可承受的不良
贷款率为3.57%，还可承受的不良贷款额度为3 261.5亿元；中国
农业银行排名第四，其还可承受的不良贷款率为2.61%，还可承
受的不良贷款额度为2 325.5亿元。由此我们可以看出，当前这些
商业银行尽管还有一定的不良贷款容忍空间，但如果对不良贷款加
以关注并进一步消化分解，未来的不良贷款率仍会不断上升。

第七章

企业的自我救赎

　　我们在第一章总结了日本部分僵尸企业重获新生的经验。总的来看，成功处置僵尸企业问题总要靠企业、政府和银行的三方努力。银行要对企业进行一定程度的债务减免，政府要提供必要的政策支持并保障社会稳定。但是，无论是银行的债务减免，还是政府的政策扶持，对僵尸企业来说都只是短期的治标之策。要想真正让僵尸企业起死回生，关键还得靠企业自己的努力。

　　除了日本的"他山之石"，我们也有自己的攻玉利器。回顾过去，我们可以发现有不少僵尸企业的成功经验。在这些案例中，我们特意选了两个最有代表性的案例。两个企业案例相隔了近10年，在经历了最初的辉煌之后都面临巨大的困难，并渐渐走向资不抵债。但是，由于各种各样的原因，两个企业都不能破产清算，只能依靠政府和银行的资金接济，勉强维持生存，成为标准的僵尸企业。接下来，让我们看看这两家僵尸企业是如何完成自我救赎，并最终涅槃重生的。

一、中国重汽的重生之路

中国重型汽车集团有限公司（以下简称"中国重汽"）是我国最早研发和制造重型汽车的企业，也是目前国内重型汽车行业的龙头企业。1953 年，由国家交通部批准，济南汽车修配厂成立，由交通部直属管理。1984 年，经国家批准，以济南汽车制造总厂为主体，吸收国内其他整车、发动机及零部件制造厂，组建成重型汽车工业联营公司。2000 年，中央决定将重汽集团分为三个部分，分别下放到山东省、陕西省、重庆市管理，主体部分下放到山东省管理，保留"中国重汽"的名称。2001 年 1 月 18 日，经过战略性改革重组后，新的中国重型汽车集团有限公司正式宣告成立。2007 年，中国重汽首先在香港主板上市；至 2016 年 8 月，中国重汽跻身中国 500 强的第 222 位。

中国重汽作为我国重型汽车行业的执牛耳者，在其发展历程中曾经创造了很多令人瞩目的成绩。中国重汽曾在 1960 年生产制造了中国第一辆重型汽车——黄河牌 JN150 八吨载货汽车。1983 年成功引进了奥地利斯太尔重型汽车项目，是国内第一家全面引进国外重型汽车整车制造技术的企业。2002 年建成全国最大的重型汽车桥箱生产基地。2004 年正式宣布进军房地产业，成为汽车生产企业中首家进入房地产行业的企业。2007 年在香港上市，至今已成为我国最大的重型汽车生产基地。

然而，一度风光无限的中国重汽也曾经历过濒临倒闭的时刻。20 世纪 80 年代，中国重汽正值鼎盛时期，在整车市场上的占有率一度达到 80%。随着中国经济开始从计划经济向市场经济转轨，中国重汽面临的市场竞争不断加剧，生存压力随之增加。从 1993 年底开始，中国重汽逐渐陷入困境。截至 1999 年底，重汽集团共有员工 103 034 人，资产总额 137.58 亿元，负债总额已经达到 168.27 亿元，实际亏损近百亿元。同时，企业拖欠职工工资长达 13 个月，总额近 4.42 亿元，1.7 万名离退休职工没有纳入社会保障体系。此时的中国重汽濒临破产，已经严重资不抵债，甚至创造出尴尬的"四个第一"：欠税第一，欠银行利息第一，欠职工工资第一，欠缴养老保险第一。曾经辉煌的中国重汽此时已经沦为了名副其实的僵尸企业。

2000 年 7 月，为挽救处于破产边缘的中国重汽，国务院决定对其进行战略性重组。此后的三年里，中国重汽先后采取了出售资产、减员分流、改革激励机制等方法，最终从一个濒死的国有僵尸企业，蜕变成世界重卡行业前五强，并实现了"一年持平，两年盈利，三年发展"的目标。

（一）出售资产回流资金，解决燃眉之急

要想筹集到新钱，必须解决旧债。在相关政策的支持下，中国重汽终于获得了最高法院的司法保护，让债权人暂缓利用司法程序进行债务追偿。然后，由中央银行出面将 150 多家债权人的债务核销了 30 亿元，加上政策性的破产费用，中国重汽共减免债务 60 多亿元，利息负担也因此大大减轻。同时，中国重汽向中央争取到了一笔 5 000 万元的财政部拨款，并以"存一贷二"的方式，利用这 5 000 万元在银行得到一笔 1 亿元的贷款作为生产启动资金。

随后，中国重汽用多种方法盘活固定资产，在减轻债务的同时获得了足够的现金流。一方面，中国重汽将生产基地搬到地价更便宜的郊区，变卖了位于济南市区的厂房的土地使用权。在降低土地成本的同时，中国重汽还获得了不菲的置换收益。仅仅是桥箱厂一个地区的置换就帮助中国重汽收回超过 2 亿元。另一方面，中国重汽又抓紧盘活存量资本，把 5 000 辆滞销的库存车拆除，清点库存零配件，加大处理积压库存的力度，盘活资产，最大限度地回笼资

金，收回了 1 亿元。与此同时，中国重汽还加强对财务的控制和管理，严查各单位的"小金库"，从二级公司的小金库又清理出近 1 亿元。

最终，中国重汽通过债务核销、申请贷款、变卖土地、拆车变现、清理小金库等措施，再加上中央及地方政府的政策支持，中国重汽成功减轻了债务负担，同时获得得以维持生存的现金流，为进一步恢复企业正常经营赢得了契机。

（二）减员分流，提高企业效率

按照国务院批准的重组方案，中国重汽必须进行公司员工的减员分流。当时，中国重汽有七万多名员工，冗余人员规模大且关系极为复杂。按照与债权人达成的重组方案，中国重汽必须将人员裁减至两万人。复杂的员工构成让减员问题相当棘手，一旦处理不得当，很有可能引发重大的社会问题。

为兼顾社会稳定，中国重汽在大幅减员的同时推动了再就业工程，为分流或下岗职工再就业创造条件。集团公司所属各企业、各部门积极开辟再就业渠道，通过改制、剥离和发展第三产业，有近万人实现了再就业。中国重汽还对劳动模范、双职工、残疾人制定了特殊政策，补足了退休职工的工资，补交了拖欠多年的养老保险金，把数千名退休职工纳入了社会统筹。本着"带着感情去分流"的原则，在上级批准的分流职工人均生活补助是每月 300 元的基础上，中国重汽实际筹资发放的标准为人均每月 500 元。

这无疑为减员分流的平稳进行提供了重要保障。在评价中国重汽减员分流的成功时，时任中国人民银行副行长吴晓灵这样称赞道："上百亿元资产的大集团，几十亿元的债务核销，重汽是首创。但最令我感到震撼的是重汽的人员分流，一个七万余人的企业两年内平稳地进行分流最后达到两万人，没有上访，没有闹事，这在中国社会保障体系还不健全的今天太不容易了。"

在多项措施的配合下，中国重汽顺利实施了减员分流，稳妥分流5.2万人，主业在岗人员达到2万人。职工队伍结构趋向年轻化，整体知识水平也得到了提高。解决资金缺口与人员分流两座大山之后，中国重汽不仅摆脱了死亡危机，甚至神奇地走上了快速增长的道路：2001年实现销售收入62亿元，重型汽车销售量达到全国第三位，各项指标的增长率在90％以上，实现了当年持平的目标。

（三）加强内部控制，改善激励机制

陷入危机之前的中国重汽，内部控制机制松散，形同虚设。集团下面有数不清的子公司、孙公司等"寄生虫"，财务状况混乱，成本费用严重失控。营销体系更不靠谱，一千多人的销售团队每年只能卖出去两千余辆车。销售成本不断上涨，贷款难以回收，造成了大量的呆账坏账。

针对这些痼疾，中国重汽开始加强成本控制，并改善激励机制。一是改进物流管理方式，推行"零库存"管理。零部件供货商租用集团公司的库房存放零部件，整车厂根据订单到库房取件、付款，节约库存费用。在生产上根据用户的不同要求，按订单生产、配送，初步形成了"零库存"。以销定产，减少库存，由此重汽每年减少资金占用10亿多元。

二是实行比价招标采购、技术创新等方式，降低采购费用。2001—2004年，重汽卡车的单车制造成本降低了3万多元。同时，通过设计上的系列化、通用化、标准化，减少专用件和磨具的使用，大幅度降低成本。中国重汽万元产值能耗同比每年平均下降10％以上，仅2004年工业总产值能耗就比2003年下降了47％。

三是提高采购和营销效率。一方面，中国重汽建立了适应市场的采购机制，推行"零库存"管理；另一方面，中国重汽加强财务控制，建立决策中心、利润中心和成本中心的三级责任中心体系。

2007 年，为加强营销网络建设，中国重汽开发出了生产销售"一线通"，即"销售回款、售后服务和信息反馈一线通"，并成立独具重汽特色的"4＋1"市场营销模式，即"经销商、改装厂、资源管理、系统用户＋售后服务"，优化了市场网络。

四是加强监控机制建设。中国重汽集团建立了"纵到底、横到边"的监控机制，推行"没有考核就等于没有管理"的理念，使公司运营处于全面受控状态，并始终保持一个封闭环形的监控状态。一是将具有监督职能的部门集中在一起，纪检和审计合署办公，成立监督审计部。监督审计部对企业的决策、采购、招标等每一个环节加强监督，以及时发现违规违法行为。内设法律事务岗位，为企业合同、实务提供法律服务，保障公司权益，进行事前防范。二是明确集团总部各部室每年的监督目标，职能部门将此目标分解、完成，随时发现问题随时解决。各部室之间相互制衡，相互考核，根据考核结果给予适当激励、惩罚。

五是改革激励机制，激发员工积极性。中国重汽全面引入竞争机制，员工的业绩评价、岗位留存和报酬规模都要以竞争的方式确定。新的激励机制在保证员工收入普遍增长的基础上，以工作效率为依据拉开收入差距，进而鼓励在市场营销、产品开发、企业管理等岗位上做出突出贡献者的薪酬有更大程度的增长。

（四）自主创新，掌握核心竞争力

科学技术是第一生产力，公司如果没有技术专利与科技创新，就没有灵魂、没有焕发出蓬勃生机的能力。中国重汽从建厂到重组之间的四十余年间，从未有一项属于自己的国家专利，没能开发出一款新的车型。没有专利就意味着没有自主的知识产权，就意味着只能成为别人的代工厂。

对此，中国重汽痛定思痛，将提高核心技术与产品创新放在了公司的战略高度上，提出要在广泛吸纳消化世界重卡先进技术的基础上，走自主研发之路，打造自己的品牌。2003 年 6 月，中国重汽与世界第二大重卡制造商瑞典沃尔沃卡车公司签署合资协议。这个合资项目对于中国重汽的意义极为重大，它创造了汽车行业的"三个之最"：是最具影响力的一次强强联合，是引进最新的欧洲车型与最先进的技术合作，是最具有战略意义的双赢合作。通过这一合资项目，中国重汽不仅进入了沃尔沃在全球的销售网络，还拿下了发动机领域最先进的技术。2004 年 3 月，双方合资生产的沃尔沃 FM 系列车所装备的 D12 大马力发动机，填补了中国欧 3 排放的大马力重型汽车发动机生产的空白。2004 年年底，具有自主知识产权的、中国重汽的自主品牌 HOWO 系列重卡横空出世。HOWO 的诞生，完全摆脱了斯太尔技术平台，改变了斯太尔技术主宰重型汽车市场的局面，开启了中国重汽的新篇章。即使是在重卡市场风雨飘摇的 2005 年，HOWO 系列也一举创下了销量过万的好成绩。中国重汽一改以往技术落后的形象，2002 年获得专利 126 项，2003 年申报专利 190 项，至 HOWO 大卖的 2005 年，中国重汽已经拥有 610 多项专利技术。

二、中核钛白的涅槃

中核钛白，全称中核华原（上海）钛白有限公司，是一家特大型精细化工生产企业，主营业务为金红石型钛白粉产品的生产、销售以及钛白粉新产品的开发和研究。

中核钛白曾是业内老大，被誉为中国钛白粉行业的"黄埔军校"，公司前身是中核四〇四总公司钛白粉分厂。1999 年，国家实施"债转股"政策，中核四〇四总公司钛白粉分厂成为第一批债转股企业，并完成了公司制改造。2001 年 2 月 23 日，由中核四〇四总公司等五家法人股东共同发起成立中核华原（上海）钛白有限公司（以下简称"中核钛白"）。2007 年 8 月 3 日，中核钛白在深圳证券交易所的中小企业板成功上市，并获得 3 亿元人民币的股权融资，成为甘肃省第一家中小企业板的上市公司。

2008 年的全球金融危机给钛白粉市场带来了巨大打击，内忧外患下的中核钛白彻底陷入绝境。2008 年，中核钛白实现营业总收入 2.86 亿元，同比下降 39.01％；亏损 2.56 亿元，利润同比下降 1 565.58％；每股收益为－1.35 元，同比下降 1 327.27％；净利润同比下降超过 15 倍，亏损程度创中小板之最。随后，中核钛白列出了五个导致公司业绩快速恶化的原因，但无一例外都是外部因素。这些原因包括生产原材料价格大幅上涨、冰冻天气导致部分管线设备受损、全球金融危机导致产品需求急剧下降以及税收负担实际上升等。这些外部原因可以在部分程度上解释中核钛白的巨额亏损，但这种巨亏毕竟不是普遍现象，企业内部的管理问题才是导致中核钛白出现巨亏的最根本原因。

2010 年，中核钛白在上市仅 2 年多后被实行退市风险警示特别处理。此时的中核钛白面临退市、破产，职工即将下岗、失业，给企业员工的生存、资本市场和国家核基地安全稳定都带来巨大压力。据中核钛白员工回忆："当时已经基本不开工生产了，因为生产一吨就亏一吨，2008—2010 年连续亏损，公司原值近十亿元，已经亏得只剩一亿元左右了。职工一个月只领几百块钱的工资，根本生活不下去。"此时，中核钛白已经由"行业宠儿"变成了名副其实的"僵尸企业"，启动破产重组迫在眉睫。

（一）实现债务重组，破除体制障碍

中核钛白的债务重组过程中，最大的困难在于如何平衡小额债权人和股东之间的利益。小债权人多为小型供应商，这些供应商的应收账款大多没有抵押债权，一旦中核钛白破产，债务的清偿率很难保证。一般情况下，破产重组必然意味着债权人要放弃一部分债权，而股东要优先承担损失。可是，这些小型供应商很难接受因此而导致的债权损失，具有国企背景的股东更是担心因此被扣上国有资产流失的帽子。

为了能让破产重组的方案得到债权人的认可，在法院和地方政府的协调下，将债权额在 600 万元以下的债权人纳入小额债权组，然后由中核钛白的两个大股东出资 2 000 万元，把 160 多个小额债权人的清偿比例提高到 70％，矿区工行和矿区建行两家银行共获得 70％的清偿款，完成了股东和小额债权人之间的利益平衡。

与此同时，中核钛白现有股权之间的分配也发生了变化。中国信达将 40.25％的股份全部转让，退出中核钛白，中核四〇四总公司持有 7.19％的股权不变，金星钛白持股 15.79％，金星钛白的董事长李建峰作为第一大股东出任中核钛白董事长。至此，中核钛白正式由一家国有企业转变成民营控股企业，市场化的经营机制有了确立的土壤和空间。

（二）改善运营效率，根除管理弊病

在中国，重组方主要看重上市公司的壳资源，对壳内的资产和员工一般采取剥离、甩掉的处理方式。但是，中核钛白的重整财务顾问在考察后发现中核钛白有资产、有人才，于是提出要实行一个既要保企业生存，又要保员工的"顾两头"方案。

最终改变中核钛白命运的是安徽金星钛白集团有限公司（以下简称"金星钛白"）。金星钛白是从乡镇企业起家，做钛白粉做了20 年。当时的金星钛白在体量上远不及中核钛白，但是凭借已有的国企并购案例，金星钛白派人专门去实地考察企业，并最终决定参与对中核钛白的重组。

如前所述，中核钛白巨额亏损的背后除了外部因素，更多的是内部管理效率低下导致的结果。一方面，中核钛白作为典型的国有企业，"事有人管、责无人负"的通病十分明显。权责不明导致内部管理混乱，效率低下。另一方面，中核钛白还存在比较特殊的历史遗留问题。中核钛白作为一家"债转股"后的企业，企业的大股东是信达资产管理公司。但是，作为大股东的信达并不直接参与企业的运营，由此出现了管理层为自己谋私利的"内部人控制"现象，进而导致企业内部腐败现象十分严重。

针对这些问题，金星钛白利用多种手段加以应对。首先，金星钛白在托管期间（尚未获得企业产权）就已投资 1.3 亿元，从厂内的生产管理开始着手，拆除、更换了陈旧的设备。然后，金星钛白开始全力清理企业内部的腐败和浪费现象，大大降低不必要的运营成本。与此同时，为了进一步提高企业的经营效率，金星钛白还将一些工作能力强的农民工直接招为正式职工，并将农民工与原钛白职工重新分配岗位，打破过去的等级界限，实行同工同酬。经此调整，公司的运营成本大幅下降，员工工作积极性普遍提升。

（三）妥善安置员工，保障地区社会稳定

与其他案例不同的是，重组后的中核钛白并没有大规模裁撤员工。2009 年 7 月爆发了通钢事件，在该事件中民营化的职业经理人被愤怒的上访工人打成重伤，不治而亡。通钢事件的直接教训就是，企业的重大重组问题必须要考虑到员工的情绪和意见。即便不谈权利问题，仅仅从顺利推进重组的目标出发，事先做好员工工作也是一个不可或缺的环节。

因此，中核钛白的新任董事长李建峰第一时间完成了职工的安抚和沟通工作。在与职工谈话的过程中，重组方得以了解职工的利益诉求，同时还能够稳定职工情绪，确保改制顺利。最终，原中核钛白近 1 200 名职工不但重新就业，而且每人领取了平均 10 万元的身份置换补偿金，职工的生活条件得以改善，同时保障了地区的就业稳定。

第八章

避免政策误区

一、慎用行政手段去产能

第五章的分析表明，中国的产能过剩与僵尸企业是一体两面的关系，政府过度干预经济是僵尸企业和产能过剩出现的共同根源。但是，政府干预带来的问题能用干预解决吗？这正是第一个要避免的政策误区：切忌以毒攻毒，过多使用行政手段直接干预企业去产能的进程。

（一）神话与笑话

2016 年上半年，煤炭和钢铁行业展开了一场如火如荼的去产能行动。2016 年初，钢铁行业制定的去产能目标是 4 500 万吨，煤炭行业制定的去产能目标是 2.5 亿吨。截至 2016 年 7 月底，钢铁行业退出产能 2 126 万吨，完成全年目标任务量 4 500 万吨的 47%；煤炭行业退出产能 9 500 多万吨，完成全年目标任务量 2.5 亿吨的 38%。

显然，按照这个速度进行下去，2016 年底之前是不可能完成全年去产能目标的。但若仅从结果来看，这次去产能尚算不错。毕竟相较于之前的几次去产能，这次煤炭和钢铁行业的产能确实有所下降。这究竟是怎么做到的呢？

先来看煤炭行业的去产能措施。根据各省公布的煤炭去产能措施，主要包括以下七种：（1）严控新建煤矿项目审批（三年内原则上停止审批新建煤矿项目）；（2）推进煤炭企业改革兼并重组；（3）执行 276 个工作日和节假日公休制度；（4）对存在安全、闲置等问题企业注销其安全生产许可证、收回开发权；（5）制定退出过剩产能任务安排；（6）引导过剩产能主动退出；（7）加强煤炭安全清洁高效生产和消费。

不难看出，这些措施以行政调控为主。特别是在"执行 276 个工作日和节假日公休制度"上，不少地区直接采取县长负责制，监督检查力度空前。雷厉风行的行政手段使得调控效果十分显著，煤炭产量迅速下降。如图 8-1 所示，2016 年前 9 个月，煤炭当月产量同比降幅均超过 10%，其中 6 月单月产量比去年同期减少近 5 000 万吨，同比下降 16.6%。根据 2016 年 10 月 14 日发改委新闻发言人赵辰昕在例行发布会上提供的信息，通过全国的减量化生产和治理违法违规建设，目前控制了约 10 亿吨的煤炭产能。总之，煤炭行业的去产能就像神话一样，说降就降下来了。

但是，煤炭行业的神话并没有维持多久，很快就变成了笑话。由于去产能效果过于显著，煤炭产量大幅下降对煤炭价格形成了强力支撑。如图 8-2 所示，2016 年年初至 2016 年 9 月动力煤期货价格一路上扬，相比年初的价格最低点几乎翻倍。从现货价格来看，截至 2016 年 10 月中旬，秦皇岛 5 500 大卡的煤炭价格为 565 元/吨左右，比年初每吨上涨了 200 元左右，涨幅在 50% 左右。在成本基本稳定的情况下，价格快速上涨意味着煤炭企业利润空间迅速增加。这就给进一步去产能带来了很大的阻碍，因为此时企业开采煤矿有较大的获利空间。

产能高了国家担心,价格高了国家也担心。2016年9月8日,国家发改委召集神华、中煤等数十家大型煤炭企业分管煤炭生产的负责人召开会议,议题是"稳定煤炭供应,抑制煤价过快上涨预案启动"。结果,2016年9月初和9月下旬,国家发改委启动了二级、一级响应,分别日增加煤炭产量30万吨、50万吨左右。此外,适当增加安全高效矿井的产能释放,对符合特定条件的煤矿,2016年第四季度可以在276~330个工作日之间释放产能。就这样,有关部门全力折腾的结果,无非是让煤炭价格坐了个过山车而已,煤炭产量减下去之后又涨了上来。

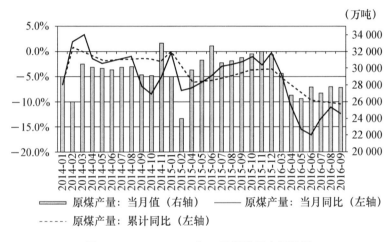

图8-1 2014—2016年9月煤炭月产量数据

相比于煤炭行业,钢铁行业的去产能更是不尽如人意。从逻辑来看,产能的减少应该作为一系列生产过程调整的结果。这个过程如下:

产能过剩导致价格下降,企业订单减少——价格下降和订单下降导致企业利润下降——企业开始主动压缩产成品库存,并逐渐向上游产业传导——需求持续低迷,价格迟迟不见提高,企业开始逐步减少产量——产量下降导致产能利用率下降，设备维护和折旧费用相对增加——持续低迷的产能利用率迫使企业减少产能。

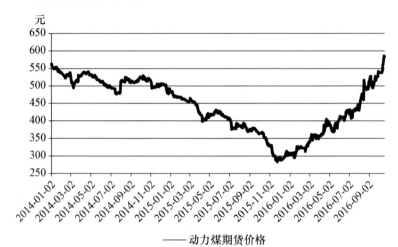

——动力煤期货价格

图 8 - 2　2014—2016 年 9 月动力煤期货收盘价

不仅如此，从订单下降传导至产能减少需要相当长的时间。从长期来看，持续的供过于求终将导致产能下降，但在这个过程中，产量、库存、价格三者始终处于动态变化中。因此，去产能并非一蹴而就的过程，短期产量的下降会带来产品价格的回升，而这又会暂时缓解企业的盈利压力。煤炭行业本轮去产能中的表现很好地佐证了这一点。经过几轮反复之后，企业才会最终走向减少产能。

根据公开数据，2016 年 1—7 月间，钢铁行业产能减少 2 126 万吨。与此同时，如图 8 - 3 和图 8 - 4 所示，2016 年 2—9 月粗钢产量和钢材产量当月同比增长始终为正。

这种产能和产量之间的背离，完全打破了常规去产能的逻辑。在产能下降的同时产量增加，就意味着产能利用率在上升，这又背离了钢铁行业存在严重产能过剩的行业背景。纵观所有发达国家的去产能经验，从没出现过在持续去产能的过程中，特别是在去产能初期，产量却不断增加的案例。

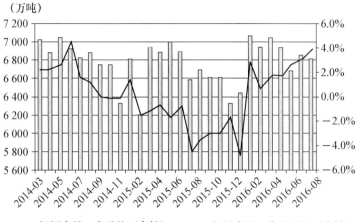

图 8-3　2014—2016 年 9 月粗钢月产量数据

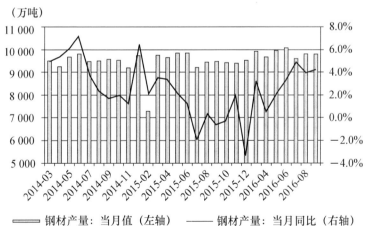

图 8-4　2014—2016 年 9 月钢材月产量数据

质言之，这是过度依赖行政手段去产能的必然结果。本轮提出的去产能与其说是目标，不如说是命令。地方政府应声而动，结果各省上报的钢铁行业去产能目标总和高达 7 716 万吨,比 4 500 万吨的整体目标多出 3 200 多万吨。然而,这种去产能目标更多是一种表态,表明各省去产能的决心。表决心是一回事,实际执行是另外一回事。在实际操作中,之前的行政决心又变成了最坚决的行政保护。况且,螺纹钢的价格自 2015 年底开始不断攀升,到 2016 年 4 月底,螺纹钢价格就已经收复 2015 年全年失地,到达 2 750 元的高点(见图 8-5)。这一过程中,钢厂利润得到快速修复,赚得盆满钵满,产量自然会上升。

除此之外,经济目标之间的冲突也是导致钢铁行业去产能出现阶段性失败的重要原因。2015 年下半年,中国宏观经济面临巨大的下行压力,政府出于稳增长的目的再次出手刺激经济。同之前一样,刺激政策依靠增加基础设施建设投资和刺激房地产市场为主,具体表现为两者的累计投资同比在 2015 年底和 2016 年初出现了明显的增加(见图 8-6)。稳增长政策直接带来了对钢铁的巨大需求,再加上年初市场对去产能充满信心,导致钢铁产品价格快速反弹,钢厂利润增加,去产能阻力显著增加。

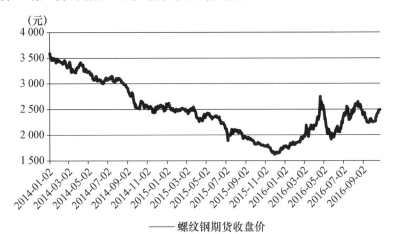

—— 螺纹钢期货收盘价

图 8-5　2014—2016 年 9 月螺纹钢期货收盘价

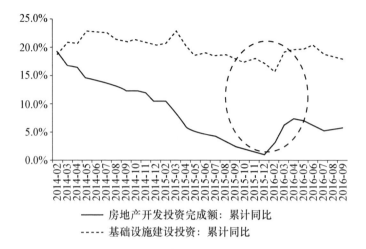

　　——　房地产开发投资完成额：累计同比
　　----　基础设施建设投资：累计同比

图 8 - 6　2014—2016 年 9 月基建和房地产投资

说明：各年 1 月数据缺失。

（二）坚持市场化的去产能

　　要想真正化解产能过剩，首先要搞清楚产能过剩的性质。当前阶段的产能过剩问题性质比较复杂，同时表现出周期性、体制性和阶段性的特点。

　　首先，周期性特点体现为金融危机导致外需减弱，并引发部分行业出现产能过剩。2008 年后，全球经济处于深刻调整周期，部分大宗商品价格经历长期下跌，与此相关的行业因此受到较大冲击。

　　其次，体制性特点体现为中国产能过剩问题往往是政府过度干预经济的直接后果。改革开放以来，中国曾出现过两次大规模的产能过剩。两次产能过剩爆发之前，都曾经历过大规模的政府主导投资。这些投资表现出明显的后劲不足，人为制造的需求快速回落，最终导致产能过剩问题愈演愈烈。

　　最后，阶段性特点体现为经济转型阶段往往都会出现产能过剩。随着经济逐渐走向成熟，产业结构面临转型升级，传统产业需求减弱会使供需矛盾变得尖锐，导致产能过剩出现。发达国家在产业结构调整和转型升级的时期都出现过产能过剩。当前，中国宏观经济正处于战略调整和转型升级的关键时期，此时出现产能过剩也符合经济发展的必然规律。

在这些原因中，真正需要政府重视并加以应对的是体制性因素。政府过度干预经济是造成中国出现产能过剩的根源。因此，在化解产能过剩的过程中，需要始终坚持的核心原则即坚持使用市场化的手段应对产能过剩。所谓市场化的手段，是指企业的生产和投资决策只依据市场化形成的产品价格，价格机制是唯一的去产能力量。在这个原则下，可以得出如下两个基本判断。

第一个基本判断是化解产能过剩需要较长时间，不能操之过急。国际经验表明，用市场化手段去产能要经历5～10年的时间。在这个过程中，市场会反复经历去库存、去产量和去产能三个阶段，产能水平会整体呈现出阶段性下降的态势。因此，在去产能的过程中要相信市场的力量，切不能操之过急，更要避免使用行政化的方式实现"快速"去产能。

第二个基本判断是化解现有的过剩产能不会造成不可承受的失业率。根据我们的估算，化解钢铁、煤炭等六大产能过剩行业可能会造成430万左右的失业，占2015年城镇就业人口的1.06％。进一步来看，坚持使用市场化的手段实现去产能，按照5年计算，每年的失业率仅增加0.2个百分点，完全在经济的可承受范围之内。当然，个别地区由于产业集中度较高，可能会面临较大的失业压力。

二、债转股不是处置僵尸企业的撒手锏

为了有效降低非金融企业杠杆率，减轻企业债务负担，国务院

于 2016 年 10 月 10 日下发《关于积极稳妥降低企业杠杆率的意见》（以下简称《意见》）及附件《关于市场化银行债权转股权的指导意见》（以下简称《指导意见》），明确要以市场化、法治化方式降低企业杠杆率。

《意见》一经发布就引起了市场和学界的广泛解读，有的观点认为新一轮的大规模债转股即将启动。学界和业界之所以如此重视债转股，主要是因为国务院同时给出了一个有关债转股的《指导意见》。从《指导意见》的内容来看，有相当多的内容涉及债转股过程中应避免的问题，包括银行不得直接参与债转股、政府不得直接干预、明确不能参与债转股的企业范围等。因此，不能把《指导意见》的出台单纯地理解为政府在鼓励实施债转股。

此次《意见》的重点应是降杠杆，债转股只是实现该目标的手段之一。本次国务院出台的《意见》给出了七种降低企业杠杆率的主要途径，包括兼并重组、盘活资产存量、加大金融支持等，而债转股只是其中之一。同时，鉴于大规模实施债转股将面临许多问题，不宜成为降杠杆的主要手段。

第一，债转股的供需将严重不匹配。按照市场化原则，实行债转股的企业理应是优质企业，只是暂时遇到了困难。果真能循此逻辑实行债转股，企业能够降低债务负担，获得喘息之机；待企业经营恢复之后，银行可以获得不菲的股权收益，从而避免最初选择债务清算而造成的损失。《意见》也给出了实施市场化债转股的企业应满足的条件，如技术先进、产品有市场、信用状况较好等。

如果严格按照市场化的规则来操作，那么短期内能够撮合成功的债转股项目会比较少。这主要基于两个原因。一是债转股的机会成本要足够小才有可能成功。什么是债转股的机会成本呢？就是如果银行或者其他债权人不选择债转股，而是选择让企业破产重组甚至清算所能获得的清偿率。只有破产重组或清算的清偿率足够低，债转股才是一个可选项，否则理性的债权人不会选择债转股。二是企业的债权人往往不止一家，企业的债务类型也十分复杂，具体谈判要经过多次磋商才能达成共识。整个过程很像去当铺里当东西。企业认为自己的股份很值钱，但银行和其他债权人肯定不这么认为。一定会经过大量的讨价还价，企业和债权人之间才能达成一个基本的共识。这两点决定了市场化的债转股项目必然不会太多，起码短期内不会太多。

中国目前最需要债转股的企业并不是这些优质企业，而是那些产能过剩行业的企业和效率低下的企业。这些企业的股权价值并不高，银行和其他第三方机构不会首先选择债转股。如此一来，市场化的债转股就会面临严重的供需不匹配：能够债转股的企业不需要转，而需要债转股的企业不能转。

与此同时，这也意味着若坚持按照市场化原则实施债转股，最终完成债转股的企业会比预计要少得多。对单个企业来讲，债转股对企业去杠杆的作用会非常巨大。一旦债权变为股权，最直接的效应就是要支付的利息会大大减少。但是，正如刚刚分析的那样，如果我们严格遵守市场的规则，那么最终能够实现债转股的项目必然不会太多，对降低整体企业部门负债的作用也不会太大。

第二，债转股的潜在规模过大。如果把债转股当成降杠杆的主要手段，那么高杠杆行业和企业自然就是债转股的重点对象。此时，债转股的实质就是进行债务减免，目标是让这些企业在完成债转股后能够正常还本付息。照此逻辑我们可以大致测算出债转股的潜在规模。

以钢铁行业为例。根据国家统计局公布的数据，2015 年末钢铁行业总负债约为 4.37 万亿元。2015 年，钢铁行业的息前净利润大致为 1 667 亿元（用利润总额＋财务费用大致估算）。如果这些利润都用来偿还总负债利息，那么按照 2015 年 6.2％的平均利率测算，钢铁行业理论上可以承受的负债上限为 2.69 万亿元。实际负债比理论负债上限多出的 1.68 万亿元，就是钢铁行业的潜在债转股规模。按照同样的方法可以算出，煤炭和炼焦两个行业对应的潜在债转股规模达 1.62 万亿元和 0.56 万亿元。仅三个行业对应的潜在债转股总规模就达 3.86 万亿元，无论是中国的银行部门还是第三方机构，都难以承担如此大规模的债转股。

债转股只是银行处理类不良贷款的一种方式，不能承担过多的使命，更不能作为降杠杆的主要手段。否则，债转股的实质就是将风险从企业部门转移到银行部门。当然，后续可能还会有一系列操作，将这部分风险从银行部门再剥离到其他部门。但无论如何操作，都只是风险的腾挪，并不能真正化解风险。

第三，债转股缺乏完善的退出机制。《意见》明确规定银行不得直接将债权转为股权，只能先将债权转让给第三方机构，让第三方机构成为企业的股东。从上一轮的债转股实践来看，股权持有机构的主要退出机制并非股权受让。那些最终能够减少亏损甚至实现盈利的债转股项目，主要是通过出售企业拥有的土地资源，获得土地增值收益实现的。就目前的情况来看，本轮的债转股显然很难通过这种方式退出。与此同时，中国目前尚未建立起完善的多层次股权交易市场。一旦债转股规模过大，获得股权的第三方机构就很难利用现有的市场体系正常退出，完成股权的二次转让和变现。

第四，债转股只是短期的权宜之计，面临巨大的道德风险。从理论上讲，并不存在判断杠杆率过高的绝对标准。如果一个企业正处于快速成长期，产品不愁销路，有稳定的现金流和盈利，那么这时候企业增加债务就能做大收益，是合理的选择。但是，如果没有稳定的现金流支撑，哪怕债务规模再低也有可能无法还本付息，导致违约。因此，企业创造利润的能力决定了企业能够承担的债务规模。债转股可以在较短时间内减少企业债务水平和利息负担，但无助于提高企业的经营能力。更有甚者，大规模地实施债转股很可能会面临巨大的道德风险。一旦债转股得以成为企业降杠杆的普遍选择，企业就可以轻易减少负债。这反而会降低企业改善内部管理、完善激励机制的动力，也就无法从根本上解决企业杠杆率过高的问题。

理想情况下，新股东的加入会形成新的监督和制衡力量，企业内部形成新的有效的激励机制，企业的经营效率也会因此提升。同时，利息支出的减少意味着利润增加，资本积累加快，企业因而有更多的资本去购买新的机器设备和技术。但是，这取决于新股东在债转股过程中与企业达成的具体协议规定。如果新股东是以优先股的形式进入企业，就不会对企业的经营带来实质性影响。如果新股东是国有背景，那么企业有可能因此转为国有参股甚至控股企业。这样一来，企业在管理和决策过程中就要考虑国有资产运营的问题，企业的激励机制也会受到影响，企业的内部管理机制可能因此变得更加复杂。在这种情况下，很难讲企业的效率一定会变得更好。

第五，债转股还有可能面临地方政府的过度干预。地方政府有维持地方就业稳定、保障税收的职责，是重要的利益相关方。考虑到债转股是维持企业生存的重要方式，因此想把地方政府从债转股的谈判桌上彻底赶走，完全避免地方政府的干预是绝对不可能的。但是，地方政府绝不能主导整个债转股过程，债转股的权利主体应该是债权人。银行给企业贷款是一种契约行为，如果企业不能按约履责，银行作为债权人有权利自由处置这笔债权。从实际来看，不到万不得已，债权人不会轻易选择破产清算。最终走向破产清算的案例只是少数，因为一旦选择了破产清算，银行、企业、员工和地方政府都要承担损失，可以说是一种多输选择。监管部门应强化对银行债转股效益的监管要求，确保债转股比破产清算获得的收益更高，迫使银行把自身利益放在优先位置，从而形成对地方政府干预的制衡。

总而言之，债转股只是降杠杆的手段之一，且在实施过程中面临诸多限制，因此不宜作为降杠杆的主要手段。短期内，中国应配合使用扩张性财政政策，以稳定整体债务规模、调整债务结构为主要任务。与此同时，中国要继续深化国有企业改革，促进金融部门更好地为实体经济服务，多管齐下，综合应对企业杠杆率过高的问题。

三、警惕自我实现式的债务危机

近年来，中国的债务问题成为国际社会普遍关注的焦点。有些国际机构认为当前中国债务负担过重，可能会爆发债务危机。例如，英国《经济学人》杂志在 5 月初的一篇文章中给出了部分证据，包括中国的债务与 GDP 之比在十年内从 150％飙升至 260％，中国的不良贷款在两年内翻了一番，约有 40％的新增贷款用于支付已有贷款的利息，并认为这些都是爆发债务危机的前兆。

从第五章的分析可知，债务问题和僵尸企业有着千丝万缕的联系。僵尸企业更多的行业和地区，债务问题更严重，杠杆率也更高。因此，处置僵尸企业的过程同时也是一个去杠杆的过程。

我们不讳言中国经济确实面临很多挑战，但不能轻易得出债务水平过高并会出现危机的结论。准确认识中国当前的债务问题，有助于厘清危机的形成机制和可能的爆发点，避免引发自我实现式的债务危机。同时，决策部门应多管齐下，综合应对当前的债务问题。

（一）衡量债务水平的标准存在缺陷

仅凭常用的标准有可能会对中国的债务问题形成误判。目前，学术界判断债务过高的标准主要有两个。一个标准由著名经济学家莱因哈特和罗格夫在 2010 年给出，具体表述是"公共债务占 GDP 的比例超过 90％的国家，经济增速显著低于那些债务水平较低的国家"。另一个比较流行的标准是 M2 与 GDP 的比重，但是这个标准并没有明确的警戒线。在国内的讨论中，常见的论据是中国的 M2 与 GDP 之比已经超过 200％，且高于美国等发达国家的水平，并据此判断中国的债务水平过高。

莱因哈特和罗格夫给出的标准已经受到严重挑战，或者说已经被部分证伪。根据莱因哈特和罗格夫的研究结论，公共债务与GDP比例超过90％的国家的平均增长率仅为－0.1％，比公共债务水平较低的国家低3％左右。因此，莱因哈特和罗格夫认为紧缩性政策将有助于国家的经济成长，政府最好严守90％这个公共债务大关。这一研究结论成为欧债危机中迫使希腊实施财政紧缩、压缩公共债务规模的关键理论依据。然而，2013年马萨诸塞州大学的两位青年经济学家对上述研究公开提出质疑。这两位青年学者指出莱因哈特和罗格夫的研究至少存在三个问题，其中甚至包括在用Excel进行均值计算时少加了5行数据。更新后的结论与最初的结论大相径庭，公共债务与GDP比例超过90％的国家的平均增长率为2.2％，而占比在30％和90％之间的国家平均增长率为3.2％～3.3％，落后仅1％。不仅如此，更新后的结论表明，公共债务水平和经济增速之间并没有很强的正相关关系，也就是公共债务水平增加并不必然会削弱经济增长。回到中国的现实，财政部的数据显示中国的政府债务占GDP的比例仅为40％，距离90％还有相当的空间。但是，如果坚持90％的标准，势必会对未来中国政府合理的债务扩张形成掣肘，延误中国债务问题的解决。

　　将M2与GDP之比作为判断债务水平的标准也存在较大问题。这个标准的理论渊源是货币数量论。货币数量论的经典表达式为：MV＝PT，即货币发行数量×货币流通速度＝价格×交易量。由于很难算出具体的交易量，于是在实践中往往用GDP来代替。但是，GDP给出的是增加值，处于中间环节的交易额都被减掉了，也就是GDP会系统性低估交易量。在增加值一定的情况下，涉及的中间环节交易量越大，这种低估就会越严重。陈思翀、徐奇渊和李文学最新的一项研究表明，每生产一单位的GDP，第三产业的货币需求量最大，第二产业次之，第一产业最少，因此产出构成比例变化会导致货币需求持续上升。考虑到中国最近几年的产业结构发生了明显变化，因此M2/GDP水平快速增加并不必然意味着债务水平增加。

（二）正确认识中国的债务问题

客观来讲，中国经济确实面临很多挑战，债务问题正是其中之一。但中国的债务问题并不简单表现为整体债务水平偏高，而是具有比较突出的结构性特点。这种结构性特点表现为，中央政府的债务水平并不高，地方政府的债务水平增长速度比较快，政府整体债务水平在 40％左右，仍有较大扩张余地，处于可控区间。但是，企业部分的负债率较高，特别是非金融企业负债率较高。根据中国社会科学院李扬的测算，非金融企业负债率高达 156％，而且其中 65％来自国企。

当前的债务结构反映了两方面的问题。第一，中央政府不愿意过多采用扩张性的财政政策，仍然希望地方政府能够承担更多的财政支出，这又进一步反映出中央和地方的财权和事权并没有明确划分清楚。第二，中国企业部门的高负债率与依靠贷款的粗放增长方式有关，同时也跟中小企业融资难等问题有关。一个可能的解释是，大型国有企业可以凭借制度优势从银行融入超额信贷规模，然后作为影子银行，以更高的利率把钱转贷给融资难的中小企业。当前的这种债务结构表明中国经济正处于亚健康状态，但并没有到马上要发生危机的地步。

中国经济就像一个有可能患心血管疾病的人，如果能未雨绸缪，从一开始就保持健康的生活方式，当然会大大降低得病的概率。可是中国已经出现了高血糖、高血脂、高血压等问题，再想根治就比较困难。在这种情况下，首要的目标不是立刻降低这些指标，而是通过各种药物控制和饮食调节，让这些指标稳定下来，不再继续升高。与此同时，需要重点关注的情况是突发性心脏病。一旦突发性心脏病发生，如果没有及时用药并就医，那就意味着生命的终止；而如果就医及时，那么病人还可以继续生存很长时间。这种情况和金融危机非常相似，每一次金融危机首先是流动性危机。

如果能及时应对，经济就能够回到正常的运行轨道，否则就会引发系统性风险。

因此，中国当前真正要重视的是流动性风险。考虑到政府债务仍处于较低水平，更有可能出现流动性风险的是企业部门，也就是企业无法完成正常还本付息的情况。一般来说，这种情形会同时伴随如下两种现象，一是企业盈利状况急剧恶化，二是企业现金流紧张，开始发新债还旧债。

就目前而言，中国企业的盈利状况大体来讲还比较稳定，但存在明显的结构分化。2015年，中国工业企业利润总额累计同比增速出现负增长，2016年前五个月又回到正增长，并没有继续下滑。同时，私营工业企业部门的累计利润总额始终保持正增长，且在2016年进一步回升。值得警惕的是国有工业企业，虽然2016年以来国有工业企业部门的累计利润总额下降幅度有所收窄，但依然保持同比负增长。此外，中国企业的资金仍然主要用于日常经营，尚未出现企业资金被大量占用还旧债的情况。中国工业企业利息支出累计同比自2015年下半年开始出现负增长，财务费用累计同比也在2016年初开始出现负增长，表明中国工业企业的利息负担并未明显加重。总之，中国目前还没有面临即将出现债务崩溃的极端情况。

（三）多管齐下，综合应对债务问题

虽然不必过分担忧短期内出现债务危机的风险，但这丝毫没有削弱解决债务问题的紧迫性。如果中国的债务规模得不到有效控制，利息负担就会越来越重，出现危机的概率自然越来越大。从历史和国际经验来看，主要有以下几种解决债务问题的思路。

首先，经济增长是解决债务问题的最优策略。在经济增长和债务积累的竞赛中，如果经济增长的速度能够跑赢债务积累的速度，那就不必担心债务问题。因为从长期来看，债务迟早会被经济增长所消化。但是，中国潜在增长率正在下降，想要重回高速增长的轨道只能不断加杠杆。企图用这种方法刺激增长进而解决债务问题，只会适得其反，继续推高债务水平。

最值得警惕的是自我实现式的债务危机。从上述分析可知，中国的债务水平并没有高到不可承受，马上就要发生危机的地步。如果误判了当前的形势，过分担忧中国的债务水平而选择强制性大规模削减债务，反而有可能导致债务危机的发生。

大规模削减债务的典型方式就是实行财政紧缩和财政节俭。美国、日本、欧洲等多个国家的经验已经无数次证明，这种做法将会带来灾难性后果。当经济衰退时，出现债务问题是必然的，但此时实施财政节俭是最错误的做法。1933年，美国通过实施罗斯福新政很快走出危机，经济增长率达到7%左右。但出于维护财政平衡的考虑，罗斯福又转向财政紧缩。结果，美国经济在1937年出现二次探底。2008年全球金融危机之后，正是由于奥巴马的财政刺激政策，防止了另一场类似20世纪30年代的大萧条出现。但随后的几年内，美国经济复苏乏力，就是因为美国政府总是纠结于自动减支和债务上限问题，没有抓住时机增加对基础设施、人力资本的投资。欧洲的例子更能证明这一点。客观来看，希腊只是一个很小的经济体，债务的绝对规模并不大，本不必演变成整个欧洲的问题。但由于欧盟理事会、欧洲中央银行和IMF三家机构强制要求希腊实行财政紧缩政策，导致总需求进一步下降，希腊债务问题走向恶化。

财政节俭的思想之所以会经久不衰，除了由于莱因哈特和罗格夫给出的"错误"证据，还由于许多学者将政府决策简单等同于家庭决策，认为量入为出是理所当然的原则。但是，微观的逻辑在宏观层面不一定正确。从理论上来讲，政府的生命可以是无限的，破产这个概念很难应用于政府身上。历史经验证明，国家性债务违约就是彻头彻尾的黑天鹅事件，既没法提前预防，更没法事后补救。

还有一种大规模削减债务的情况，就是让所有的企业同时减少债务负担。在经济衰退时期，贸然选择去杠杆有可能引发负反馈机制，导致经济和资产价格出现下降。在2008年金融危机爆发初期，美国的企业同时选择去杠杆，于是资产出现了超卖，资产价格开始快速下降。但是，资产价格越低，企业的资产价值缩水就越严重，杠杆率就越高，于是就越要去杠杆。最终，美国经济伴随资产价格快速下滑，坠入经济衰退的深渊。但是，中国并没有特别重视这种风险，因为在过去三十年里，中国遇到的主要问题是经济过热。因此，中国往往对经济过热有足够的警惕，但对经济下行期间可能会加速下行的风险并不是非常了解。目前，中国已经提出"三去一降一补"的工作任务，其中去产能理应提速，特定行业特别是房地产行业的去库存也必须继续推进。但是，去杠杆是否应该同时进行是值得商榷的。更为可行的策略是先稳住经济，当企业经营开始稳定之后，再逐渐去杠杆。

在最好和最差的策略中间，还有一些折中的策略。这些策略能在一定程度上发挥效果，但也有可能引发新的风险。

其一是用通货膨胀稀释债务。央行可以扩大流动性供给，推高通胀水平从而将债务稀释。这种做法主要的风险在于，债务货币化容易引发恶性通货膨胀。鉴于目前中国通货膨胀的压力较小，因此不必过分担心会出现恶性通货膨胀。

其二是实施大规模的债务重组。债务重组实质上就是进行债务减免，有直接削减债务和债转股多种实现方式。这种策略最大的危害是破坏契约精神，因为借贷主体无须为自己的行为负责。但进一步分析可知，债务重组是对那些不够谨慎的投资者的惩罚，是投资者必须要承担的信用风险。如果不实施债务重组，最终为债务问题埋单的将是普通纳税人。这会导致更大的不公平，毕竟纳税人没有借钱。而且从历史和国际经验来看，在债务问题非常严重的时候，大规模的债务重组是不可避免的。

其三是通过资产价格上涨化解债务压力。对于企业来说，股票价格上涨就意味着资产价值的上升，在债务规模不变的情况下，杠杆率自然会下降。此时，尽管企业盈利没有转好，债务问题却因为杠杆率的下降而得到缓解。2008 年金融危机后，美国企业的杠杆率一直在下降，其中资产价格的上升起到了重要作用。但是，资产价格的上涨如果不具有可持续性，大涨大跌反而会进一步恶化企业的债务水平。2015 年中国的股市曾一度狂涨，许多上市公司在很短一段时间内实现了去杠杆。回过头来看，这种方式显然得不偿失。

总之，中国还远没有到马上爆发债务危机的地步，应警惕因过度担忧而引发自我实现式的债务危机。决策部门应密切关注债务指标，尽快做好预案准备，多管齐下，综合应对僵尸企业和债务问题。

四、对政府、银行和企业的几点建议

（一）基本原则

1. 坚持市场化原则是处置僵尸企业的基本导向

效率低下是僵尸企业的典型特征，处置僵尸企业的重要目标之一就是提高经济效率。因此，在处置僵尸企业的过程中，要坚持市场化原则，做到"该破产即破产，该清算即清算"。尤其避免地方政府以维稳为借口干预僵尸企业的处置。

2. 去除过剩产能是处置僵尸企业的最终目标

僵尸企业的直接危害是造成了严重的产能过剩。因此，应把去除过剩产能作为处置僵尸企业的最终目标。在处置僵尸企业的过程中，应明确产能过剩行业的去产能目标，确保去产能任务的落实。同时，要制定具体的规则，防止过剩产能以新技术的形式卷土重来。

3. 三方通力合作是处置僵尸企业的成功保障

僵尸企业问题涉及银行、政府和企业三方的共同利益，因此处置僵尸企业不能仅靠企业自身之力，需要银行、政府和企业之间相互配合，共同发力。形成"企业自救，银行辅助，政府托底"的分工格局，是成功处置僵尸企业的重要保障。

4. 保持社会稳定是处置僵尸企业的政策底线

在处置僵尸企业过程中面临的最大挑战是职工安置问题。因此，处置僵尸企业的速度，取决于安置失业人员的速度。政府应发挥主要作用，从多个方面确保失业人员有事可做、有钱可用，将保持社会稳定作为处置僵尸企业的政策底线。

（二）具体措施

1. 企业：积极自救、该死就死

——**企业自救的核心是降低成本**。减少工资支出和出售固定资产是企业自救的必由之路。应综合采用多种方法减少工资支出。一是严格实施企业退休标准，规范内部退养员工，凡符合退休标准的人员一律按退休处置。二是让部分在职人员暂时离岗，发放基本生活费用。这类方法主要适用于即将满足退休条件的人员。三是实施超员单位轮休制度，降低开工率和劳动支出。四是减少后勤人员配置。五是通过保留社保关系但不再发放工资的形式清退部分在职人员。六是通过解除劳动合同，并发放经济补偿金的方式，清退正式员工。

——**允许企业保留一定程度的管理层激励**。在僵尸企业的自救过程中，应允许企业在一定程度上保留股权激励、奖金分红等形式的管理层激励，以激发管理层的积极性。但是，管理层激励的规模应低于行业的平均水平，并将此条件作为银行和政府对企业实施救助的必要条件之一。

——结合混合所有制改革，提高国有僵尸企业经营团队的整体效率。地方政府和地方国资委应对所辖国有僵尸企业提出明确的盈利水平要求或者扭亏为盈的整改期限。同时，建议在这些企业加快混合所有制的推进，鼓励民间资本进入，改革管理模式，并按照市场化原则，适当调整管理团队。

——部分行业和企业实施"定点爆破"。应重点清理钢铁、煤炭和水泥等产能过剩非常严重的行业，并选择恢复无望的大型僵尸企业进行"定点爆破"，打破"大而不倒"的预期。判断企业无法好转的硬性条件包括：（1）连续三年以上每年获取的财政补贴超过息税前收益；（2）超过30％的产能生产技术低于行业平均水平；（3）职工工资平均水平低于行业平均水平。此外，应优先考虑爆破国有企业，以彻底打破刚性兑付、政府兜底的社会预期，刺激其他僵尸企业积极实施自救措施。

2. 银行：做实账目、加强监管

——监管部门应督促银行清理自查不良贷款的实际规模。对于抵押贷款，银行要对抵押资产的价值进行重新核算，方法可采用现金流贴现法，对抵押资产进行价值重估，并以此作为判断贷款是否为不良贷款的依据。同时，要重点清查资产是否存在反复质押的情况。对于信用贷款，银行应严格审核企业的信用水平，并严格控制借新还旧、过桥贷款等方式给企业发放贷款。监管部门应要求银行相关负责人定期汇报清理自查情况，同时对贷款项目，特别是产能过剩行业相关的贷款项目进行不定期抽查。

——适当减免主动自救企业的债务。首先应引入第三方评估机构，对僵尸企业的资产进行价值重估。在确定银行因企业破产清算遭受的损失较大时，可提供不超过预期损失规模50％的债务减记。对积极实施重组的企业，可采取现金流贴现法计算出企业的当前价值，然后免除它与企业实际负债差额的 60％～80％。

——**通过多种渠道妥善处置不良贷款**。对于已经确定的不良贷款，除了追偿核销外，应通过多种渠道综合化解不良贷款。这些渠道包括：（1）通过将不良资产打包成证券化的产品，出售给机构投资者和其他投资主体；（2）打包出售给各级资产管理公司，并且可以考虑引入社会资本参与不良资产的处置；（3）银行可以选择投行化的方式，将不良资产重组到新的优质资产中，获得升值收益；（4）在一定规模内，允许银行通过债转股的方式，将不良资产剥离。但目前这种方式不符合《银行法》的相关规定，因此应实行审批制，在规模和资质方面都应有严格限制。

——**及时补充银行的核心资本**。无论选择何种方式处置不良资产，都会导致银行资本金的减少。此时应及时补充银行的资本金，避免因资本金骤降导致信贷萎缩。注资方式可以是政府部门通过发行专项债券的方式募集资金，直接向银行注资。同时，也可以允许银行通过发行优先股，引入社会资本，扩大资本金。

3. 政府：统筹规划、政策托底

——**依据合理规则制定明确的去产能目标**。首先，在考虑当前实际消费量的基础上，再根据未来5～10年经济的潜在增长率，估算出行业的总体需求水平。然后，按照80％的国际产能利用率标准，估算出可承受的最大产能规模。最后，在全面掌握产能数据的基础上，得到明确的去产能目标。

——**建立产能检测体系**。国家统计局和工信部联合建立设备注册制度，并在此基础上构建完善的产能检测体系，以及时了解和准确把握设备情况，加强对产能进行管理。建议检测体系的统计周期以月为主，主要任务是统计和搜集行业的新设备增加情况、产能利用率、供求关系等数据。同时，应及时发布上述统计信息，以引导企业进行科学理性的生产决策，为政府调控相关产业提供决策依据。去产能过程中应设定技术下限，即不能满足技术标准的产能应果断去掉。但是，应警惕过剩产能以新技术的形式再次出现。建议各行业根据不同的技术情况和去产能目标，设定固定的以新换旧的比例。例如，每淘汰 2 单位的落后产能，只能增加 1 单位的新技术产能。

——**充分发挥行业协会作为主要协调人的作用。**在去产能的过程中，应重视行业协会所扮演的重要角色，充分发挥其作为居间协调人的作用。以行业协会作为主要协调人能够充分尊重各行业的实际情况，并且行业协会是企业主体的联合，有助于保证民营企业的权利，避免去产能过程中出现歧视民营企业的情况。目前，钢铁行业协会、水泥行业协会等行业协会已经在发挥重要作用。同时，鼓励由各行业协会牵头成立专项基金，用于补贴对去产能贡献较大的企业。例如，补贴相关企业在固定资产报废和职工安置方面的成本支出。专项基金由行业内全部企业按特定比例贡献资金成立。专项基金的使用受全体企业监督，每个季度披露基金的收支以及详细使用情况。

——**明确处置僵尸企业的成本分担，控制去产能节奏。**当前地方财政事权财权不匹配的情况已经比较明显，如果让地方政府承担处置僵尸企业的成本，地方政府恐难有积极性可言。因此，在这一过程中，因固定资产报废、失业人员安置和银行核销不良贷款等原因导致的成本，应由中央财政主要承担。与此同时，处置僵尸企业要注意把握节奏。2016 年，中央财政划拨 1 000 亿元用于失业职工安置，分两年划拨，每年 500 亿元。根据我们的测算，仅考虑人员安置成本，要完成六大产能过剩行业的去产能目标，至少需要 1 600 亿元左右。如果提高补贴额度，总成本可能会高达 4 000 亿元。按照每年 500 亿元的预算，在只考虑人员安置的情况下，至少需要三年。因此，每年只能完成三分之一的去产能目标。如果考虑固定资产报废和核销不良贷款的成本，还需要更长的时间。

——**要制定符合地区特点的支持政策和改革措施。**一方面，山西省、河北省、内蒙古自治区等地区的产业结构比较单一，过剩产能和僵尸企业都比较密集。在处置僵尸企业的过程中，要充分考虑这些地区的情况，加大政策扶持和财政补贴力度。可以考虑的政策包括增加财政划拨额度、优先安排基础设施项目建设并要求用工从离职员工中招聘、对第三产业实施定向减税政策等。

另一方面，黑龙江省、辽宁省和吉林省的僵尸企业问题与国有企业问题高度相关，因此这些地区要结合国有企业改革，重点推进混合所有制改革，尽快提高商业类业务的市场化程度。与此同时，要设立明确的盈利标准，严格控制补贴力度，对于经营效率无法提高的国有僵尸企业，应及时重组。老旧工业体系下的国有僵尸企业，不能以"防止国有资产流失"的名义继续保护，应坚决予以破产。

——**对主动自救的僵尸企业应给予适当激励。**为鼓励僵尸企业缩减产能，政府可通过成立专项基金、财政转移支付、融资支持、税收优惠等方式向实施自救的僵尸企业提供直接或间接补偿。一方面，政府可以动用不超过 20％的专项基金，直接收购僵尸企业的落后产能并报废。

另一方面，政府可以用间接的方式，向主动去产能的僵尸企业提供补偿。这些方式包括：（1）补偿部分因出售固定资产导致的估值损失；（2）为主动退出的中小企业提供中转融资，或者延长设备资金贷款的还款期限；（3）对主动处理过剩设备的企业（如废弃超过企业总资产 10％的设备）给予税收优惠，比如企业可以从次年度起减少纳税额，在 5～7 年内从企业收益中抵扣废弃设备的损失费，或者企业可以选择从前年度缴纳的法人税中一年内返还部分设备损失费。

——**设立专项职工安置基金，采取多元化的职工安置方式。**当前，中央已经划拨专项职工安置资金，但规模上仍需补充。要想有效应对僵尸企业重组倒闭带来的失业问题，专项职工安置资金每年的可使用规模应在 1 000 亿元左右，且至少应持续 3 年。建议财政部每年以增发特殊国债的方式募集资金，补充到专项职工安置资金当中。此外，专项职工安置资金还应根据僵尸企业裁员和变相裁员的方式和规模，给予相应的补贴。对于正式解雇的员工，建议专项职工安置基金承担经济补偿金的 40%～60%。对于只发放生活费的员工，建议专项职工安置基金应承担生活费用的 40%～60%，并承担社保费用的 50%。生活费总额不应超过当地最低工资水平的 1.5 倍。对于仅保留社保关系的员工，建议专项职工安置基金应给相关人员提供当地最低工资水平 80% 的生活费用。

——**支持失业人员再就业。**主要措施包括：为失业人员提供就业信息服务；对失业者进行就业指导和职业培训；对雇用特定衰退产业或地区失业者的企业提供补贴；为原企业提供劳动者停业补助和训练费用；延长特定产业或地区失业人员的失业保险金支付时间；安排失业人员参加公共事业。加大对民间再就业培训机构的财政补贴，放宽相关服务领域的准入门槛，鼓励民间资本进入。

参考文献

[1] Albertazzi U. , Marchetti D. J. Credit Supply, Flight to Quality and Evergreening: An Analysis of Bank-Firm Relationships after Lehman [J]. *Ssrn Electronic Journal*, 2010 (756).

[2] Ahearne A. G. , Shinada N. Zombie Firms and Economic Stagnation in Japan [J]. *Hi-Stat Discussion Paper Series*, 2005, 2 (d05-95): 363-381.

[3] Bruche M. Preventing Zombie Lending [J]. *Review of Financial Studies*, 2014, 27 (3): 923-956.

[4] Caballero, Ricardo J. , and A. K. Kashyap. Zombie Lending and Depressed Restructuring in Japan [J]. *American Economic Review*, 2008, 98 (5): 1943-1977.

[5] Chen N. K. , Chu H. L. , Liu J. T. , et al. Collateral Value, Firm Borrowing, and Forbearance Lending: An Empirical Study of Taiwan [J]. *Japan & the World Economy*, 2006, 18 (1): 49-71.

[6] Edward J. Kane. Dangers of Capital Forbearance: the Case of the FSLIC and 'Zombie' S&Ls [J]. *Contemporary Economic Policy*, 1987, 5 (1): 77-83.

[7] Foster L. , Haltiwanger J. , Krizan C. J. Aggregate Productivity Growth: Lessons from Microeconomic Evidence [J]. NBER Working Papers, 1998: 303-372.

[8] Fukuda, Shin Ichi, and J. I. Nakamura. Why Did 'Zombie' Firms Recover in Japan? [J] World Economy, 2010 (34) 7: 1124-1137.

[9] Hoshi T. , Kashyap A. K. Will the U. S. Bank Recapitalization Succeed? Eight Lessons from Japan [C]. National Bureau of Economic Research, Inc. , 2008: págs. 398-417.

[10] Hoshi, Takeo and Younghoon Kim. Macroprudential Policy and Zombie Lending in Korea [C]. ABFER Working Paper. 2013.

[11] Hoshi T. , Kashyap A. K. Japan's Financial Crisis and Economic Stagnation [J]. Journal of Economic Perspectives, 2004, 18 (1): 3-26.

[12] Imai K. A Panel Study of Zombie SMEs in Japan: Identification, Borrowing and Investment Behavior [J]. Journal of the Japanese & International Economies, 2013, 39: 91-107.

[13] Jaskowski M. Should Zombie Lending Always be Prevented? [J]. International Review of Economics & Finance, 2015, 40: 191-203.

[14] Kehoe P. J. , Atkeson A. Industry Evolution and Transition: Measuring Investment in Organization Capital [J]. Staff Report, 1995, 2 (2): 235-267.

[15] Kobayashi K. , Sekine T. , Saita Y. , et al. Forbearance Lending: The Case of Japanese Firms [J]. Monetary & Economic Studies, 2003, 21 (2): 69-92.

[16] Kwon H. U. , Narita F. , Narita M. Resource Reallocation and Zombie Lending in Japan in the 1990s [J]. Review of

Economic Dynamics, 2009, 18 (4): 709-732.

[17] Nakamura, Jun-Ichi, Shin-Ichi Fukuda. What Happened to 'Zombie' Firms in Japan?: Reexamination for the Lost Two Decades. [J]. *Global Journal of Economics*, 2013, (02) 2.

[18] Nishimura K. G. , Nakajima T. , Kiyota K. Does the Natural Selection Mechanism Still Work in Severe Recessions?: Examination of the Japanese Economy in the 1990s [J]. *Journal of Economic Behavior & Organization*, 2003, 58 (1): 53-78.

[19] Peek J. , Rosengren E. S. Unnatural Selection: Perverse Incentives and the Misallocation of Credit in Japan [J]. *American Economic Review*, 2003, 95 (95): 1144-1166.

[20] Schüle T. Forbearance Lending and Soft Budget Constraints in Multiple Bank Financing [J]. *Journal of Institutional & Theoretical Economics Jite*, 2007, 163 (3): 448-466.

[21] So J. , Wei J. Z. Deposit Insurance and Forbearance Under Moral Hazard [J]. *Journal of Risk & Insurance*, 2004, 71 (4): 707-735.

[22] Tanaka T. A Lost Decade Revisited: Zombie Firms and Inefficient Labor Allocation [J]. *Discussion Papers in Economics & Business*, 2006.

[23] Watanabe W. How Did the Capital Flow through Banks Change in the 1990s? —Examining 'Credit Crunch', 'Forbearance Lending', and 'Overbanking' [J]. *Public Policy Review*, 2010, 6 (1): 81-104.

[24] Wessel, D. , Carey, S. For US Airlines, A Shakeout Runs into Heavy Turbulence. *Wall Street Journal*, 2005-09-16.

[25] Yamada, Kazuo. What Causes Zombie Lending? Impact of the Supply-Chain Network and Firm's Liquidity Shocks on Bank's Lending Contracts. 2015.

［26］Yoshino N.，Taghizadeh-Hesary F. Causes and Remedies of the Japan's Long-lasting Recession：Lessons for China ［J］. 中国与世界经济（英文版），2016，24（2）：23-47.

［27］程超，顾建华，安国祥. 通用汽车破产案例研究 ［J］. 中国商界（下半月），2010，03：152-153.

［28］郭剑花，杜兴强. 政治联系、预算软约束与政府补助的配置效率——基于中国民营上市公司的经验研究 ［J］. 金融研究，2011，02：114-128.

［29］何帆，朱鹤. 僵尸企业的识别与应对 ［J］. 中国金融，2016，05：20-22.

［30］何帆，朱鹤. 僵尸企业的处置策略 ［J］. 中国金融，2016，13：25-27.

［31］何帆，朱鹤. 警惕自我实现式的债务危机 ［J］. 中国金融，2016，14：30-32.

［32］何帆，朱鹤. 去产能政府怎么做？［J］. 财经界，2016，07：53-55.

［33］何帆，朱鹤. 应对僵尸企业的国际经验（一）——以美国周期性行业为例 ［J］. 金融博览（财富），2016，08：81-83.

［34］何帆，朱鹤. 应对僵尸企业的国际经验（二）——以日本住专为例 ［J］. 金融博览（财富），2016，09：84-87.

［35］何帆，朱鹤. 僵尸企业的主要危害 ［J］. 经济研究参考，2016，30：30.

［36］胡君. 美国航空公司业结构已经发生变化 ［J］. 民航管理，2005（11）：69-72.

［37］胡云祥. 日本经济中的"住专"难题与日本金融危机 ［J］. 世界经济与政治，1996，07：44-46＋24.

［38］纪志宏. 我国产能过剩风险及治理 ［J］. 新金融评论，2015，01.

［39］刘霞. 论日本不良债权的发生原因 ［J］. 日本研究，

2005，01：59-64.

[40] 郄永忠，潘晓文. 从"护送船队"到金融厅——日本新金融监管模式的启示 [J]. 经济导刊，2003，09：37-41.

[41] 仝新顺，吴宜. 通用汽车启示录 [J]. 企业研究，2009，11：30-33.

[42] 王洛林，余永定，李薇. 日本爆发金融危机之后 [J]. 改革，1996，03：111-114.

[43] 魏加宁. 日本"住专问题"：是金融危机还是制度危机 [J]. 改革，1996，03：114-122.

[44] 魏建，张亚珂. 产权、竞争与企业内部控制——中国重汽集团内部控制变迁的经济学分析 [J]. 山东经济，2009，02：18-23.

[45] 魏然，杨洪政. 美国航空运输业市场结构演变及其政策启示 [J]. 特区经济，2012，01：95-98.

[46] 魏志华，王贞洁，吴育辉，李常青. 金融生态环境、审计意见与债务融资成本 [J]. 审计研究，2012，03：98-105.

[47] 夏旭田. 中核钛白：一家僵尸国企如何绝境逢生 [N]. 21世纪经济报道，2016-05-16，004.

[48] 颜子. 上市公司破产重整案例分析——中核钛白的摘帽之路 [J]. 财务与管理，2015（03）.

[49] 尹晓燕. 中国重汽实现"V"字型巨变 [N]. 工人日报，2006-03-23，006.

[50] 朱鹤，何帆. 中国僵尸企业的数量测度及特征分析 [J]. 北京工商大学学报（社会科学版），2016，04：116-126.

[51] [日] 竹中平藏. 读懂改革逻辑：竹中平藏的实践经济学 [M]. 杭州：浙江大学出版社，2014.